ENSEÑA LO QUE TE HE ENSEÑADO

Manuelita Agrinsoni

El contenido de esta obra es responsabilidad del autor y no refleja necesariamente las opiniones de la casa editora. Todos los textos e imágenes fueron proporcionados por el autor, quien es el único responsable sobre los derechos de los mismos.

Publicado por Ibukku
www.ibukku.com
Diseño y maquetación: Índigo Estudio Gráfico
Copyright © 2021 Manuelita Agrinsoni
manuelaagrisoni2019@gmail.com
ISBN Paperback: 978-1-64086-832-8
ISBN eBook: 978-1-64086-833-5

Contenido

Prólogo

Por Marihíta Rojas García

Conozco a Manuelita Agrinsoni de Fernández desde aquel hermoso Domingo de Resurrección en el año 1973 en que llegó a la Primera Iglesia Bautista de San Lorenzo, diciendo que estaba allí porque Jesús le dijo que ese día iba a resucitar con Él. Por las misericordias de Dios, ella me adoptó desde ese mismo momento como su hija espiritual y hasta el día de hoy ha sido mi madre y mi mentora.

Manuelita, siendo de profesión Trabajadora Social y de corazón hija del Rey Soberano, ha mantenido un testimonio intachable a través de los años tanto en la Iglesia del Señor como en la comunidad de los no creyentes. Me siento más que honrada y privilegiada de haber sido escogida para escribir este prólogo y por el hecho de que muchos de los testimonios presentados aquí, los he presenciado en primera fila.

Si de una cosa puedo dar fe, es que es "imposible" conocer a Manuelita sin conocer al Dios al que ella le sirve. Ella, por la gracia que Dios le ha dado, ha hecho lo que la religión no ha podido hacer: Traer al Dios lejano, distante y arcaico que se nos ha presentado, a un Dios cercano, personal y de la vida diaria, que está pendiente de sus hijos y accesible en todo tiempo. Puedo decir que la he visto en todos los matices de su carácter: reír, llorar, estar contenta, enojarse, ser tierna, ser tajante; pero no la he visto, hasta el día de hoy, renegar de su Dios.

Tres cosas definen su filosofía de vida y son: (1) "Por Jehová son ordenados los pasos del hombre y Él aprueba su camino" (Salmo 37:23). (2) Su meta en esta vida es no verle la cara al diablo. (3) Ella no tiene ideas propias. Sé que al leer este libro conocerás esa filosofía y tu vida no volverá a ser igual.

Dios te bendiga
Marihíta Rojas García

Agradecimientos

Agradezco a mi Dios Trino (al Padre que me llamó a su conocimiento; a Jesucristo, quien me redimió con su muerte en la cruz, y al Espíritu Santo, quien me enseña todo lo relacionado con la vida espiritual). Él me dio la encomienda: **"Escribe un libro, su título será: Enseña lo que te he enseñado".**Gracias a las personas que invirtieron su tiempo en mí, dando dirección espiritual a mi vida. Mis pastores en mis últimos años Eliudy y Nilsa Jurado de la Iglesia Cristiana Emmanuel de Las Piedras, P.R. Mis primeros pastores Ángel M. López y Cecilia Alicea de la Primera Iglesia Bautista de San Lorenzo, P.R. Mis pastores de la *Mission Board* José Ferrer, Lino y Norma Reyes, Ismael Ponce, Manuel Cortés y Sonia, Rvdo. Wenceslao Marrero y Cuchita, de la Iglesia Calzada y Camino de Santidad de Caguas, P.R. La pastora Saudith Kolthoff de la Iglesia Robles de Justicia de Río Piedras, P.R. A mis mentoras: las Hnas. Paquita Pagán, Milagros Nieves, Martina Lozada. Al pueblo de Dios de quienes obtuve y obtengo grandes aprendizajes con relación a la paciencia, esperanza, compasión, compromiso y a esperar en silencio la salvación de Jehová en cada situación que se les presenta. A mi amada célula de San Lorenzo, gracias por vuestro amor, por sus cuidados, por soportarme cuando les doy asignaciones, por los momentos tristes en los que nos hemos acompañado y por los momentos felices y hermosos; gracias por servir al Señor con alegría y entusiasmo. Gracias a mis hermosos pastores, Eliudy y Nilsa, que me han dado esta encomienda que produce en mi esposo y en mí gran satisfacción. Gracias a mi amado esposo por su amor, su paciencia para conmigo, su carácter alegre que contagia, sus cuidados y sus deseos de complacerme siempre. A mi familia, por dejarme sentir cuán especial soy para ellos. En especial gracias a mi hija Lydia Vázquez, esposa de Jorge, mi hijo , quien dio la aportación final como secretaria e hizo posible la culminación del libro. Gracias a la profesora Carmen Julia Vázquez por el trabajo de corrección del manuscrito.

Introducción

Nacemos para aprender y en el proceso de la vida tenemos diferentes maestros. Dios es el Maestro por excelencia y continuamente busca discípulos a quienes impartirle su sabiduría. Él me matriculó en su "Escuela de Párvulos" en el año 1973. Han pasado muchos años desde que Dios me ordenó que escribiera este libro. Es un libro personal, en él expongo mi humanidad, mi vulnerabilidad, mis alegrías y sufrimientos, mi carácter indomable, mi terquedad, mi tiranía. En la narración de experiencias vividas, expongo el proceso divino para hacer de mí la persona que soy hoy. Soy fanática de escudriñar su palabra (Juan 5:39).

Mi oración es que a través del libro crezcas en tu fe, hasta que llegues a ser lo que debes ser; que adquieras herramientas para la guerra espiritual con las huestes de maldad en los aires que nos acosan y que en cada victoria espiritual, recibas su enseñanza y también el mismo mandato: "Enseña a otros lo que te he enseñado". El único requisito: estudia su palabra; puedes estudiar cada porción bíblica que aparece en este libro.

Al inicio de mi caminar con Dios había una tendencia en el ámbito cristiano, muchos creyentes corrían tras los "profetas" buscando que Dios les hablara. ¡Qué bueno que Él me enseñó desde el principio sobre la palabra profética más segura: la Biblia (2 Pedro 1:19), donde cada palabra está escrita para enseñarnos! Dios nos habla y nos enseña cuando la leemos.

En momentos en los que es necesario escuchar la voz de Dios, busca su enseñanza en la palabra. Te exhorto a leer el libro en su totalidad y luego a convertirlo en un devocional diario. Serás edificado.

Bendigo a los profetas y oro al Señor que levante profetas en su viña; son necesarios, pero personalmente siento un hermoso placer cuando Dios me da su Palabra cuando la necesito y sé que puedo aplicarla a mi vida, afirmando para mí: "Escrito está" (Mateo 4:4). Necesitamos creyentes que puedan trazar bien esta Palabra, que al escudriñar la misma puedan hacer suya la oración del Salmo 119:18; "Abre mis ojos y miraré las maravillas de Tu ley". Sería hermoso que decidiéramos leer este salmo completo, habla solo de la Palabra y su acción en la vida del hombre. Así te ayude Dios si decides hacerlo. Toma lápiz y papel.

Capítulo 1
Encuentro con el Dios Santo, Creador del Universo
"Aunque ande en valle de sombra de muerte, no temeré mal alguno, porque Tú estarás conmigo"
(Salmo 23:4)

Mi padre fue diagnosticado con cáncer en etapa ya avanzada en el año 1973; un profundo dolor llegó a mi vida. Mi llanto fue escuchado por mi vecina, quien acudió a mi casa y comenzó a decirme el Salmo 23. Observé el efecto de esta palabra en mi alma adolorida. La parte que más me impactó fue el versículo que has leído. Entendí que estaba en valle de sombra de muerte y creí que Dios estaría conmigo; no tenía mucho conocimiento del Dios que me ofrecía su ayuda en este difícil momento, pero me era necesario creer. Antes de irse, mi vecina me dijo: "Manuelita, todavía Dios habla al hombre". No sabía ella que esta declaración me colocaba en el umbral de una experiencia profunda con el Dios Creador del Universo y mi Creador.

Algo para meditar

Jehová… Dios de todo lo creado. El Dios que se reveló, el que aún se revela, el que se revelará mañana a futuras generaciones. Su revelación es continua, no se ha detenido ni se detendrá nunca. Sus caminos notificó a Moisés, y al pueblo de Israel Sus obras (Salmo 103:7); Jesucristo, su hijo, lo reveló al mundo (Juan 17:3) y su Espíritu Santo continúa su obra, convenciendo al hombre de su pecado e instándolo a volverse a Él (Juan 16:8) .

Oración: Por los que llevan el mensaje de esperanza, que no se detengan en esta hermosa tarea de hablar del Dios que insiste en revelar su amor y su consuelo al que está en necesidad. ¿Cómo creerán si no hay quién les predique? (Romanos 10:14)

Capítulo 2
"Si hablo mi dolor no cesa y si dejo de hablar, no se aparta de mí" (Job 16:6)

"**D**ios todavía habla al hombre", me dijo mi vecina. Inicié mi conocimiento de Dios con un atrevido reto: "Si es verdad que Tú hablas, háblame". Busqué una Biblia que estaba muy bien guardada y la abrí esperando que Dios respondiera a mi reto, y lo hizo. El versículo que has leído confirmó mi triste realidad, como quiera me dolía lo que me estaba pasando, sea que hablara o sea que callara.

Medité mucho en esta, mi gran verdad que Dios me estaba revelando, entonces supe que necesitaba desesperadamente su ayuda y le pregunté: "¿Y ahora qué hago?"; con esta pregunta Dios sí me confirmó que Él habla al hombre que suplica por su ayuda. Él nunca abandona al hombre en su dolor ni lo desampara, Él siempre llega a tiempo para salvarlo y para consolarlo.

Algo para meditar

Dios continúa haciendo lo mismo cuando el hombre sufre. Él puso vestiduras nuevas a Adán y a su mujer para cobijarlos después de pecar (Génesis 3:21). Al pueblo de Israel lo libertó de su esclavitud en Egipto. Le dijo a Moisés, el libertador: "He visto la aflicción de mi pueblo, he oído su clamor, he conocido sus angustias y he descendido para librarlos de su dolor; ven, te enviaré a Egipto" (Éxodo 3:7). Todavía hoy continúa viendo, oyendo, conociendo y descendiendo cuando el hombre está afligido.

Él continúa hablándonos por medio de su hijo Jesucristo, quien dijo: "Venid a mí todos los que estáis cargados y trabajados, yo os haré descansar" (Mateo 11:28). Por medio de Jesucristo nos envió al Consolador, su Espíritu Santo, que nos sostiene en todas las experiencias de la vida (Juan 14:18).

Oración: Por los que sufren, que Dios se revele a sus vidas como el Gran Ayudador y Consolador (Juan 16:7), Isaías (51:12).

Capítulo 3
"Clama a mí y Yo te responderé" (Jeremías 33:3)

¿Y ahora, qué hago? Solo por misericordia, Dios respondió a mi reto. Una nueva experiencia se abría ante mis ojos. Dios mismo me llevó a esta su Palabra. Un viento, literalmente hablando, pasó las páginas de su libro y mis ojos se posaron en este versículo. Me invitó a clamar a Él y se comprometió conmigo a responderme.

La luz del Sol de Justicia comenzó a alumbrar mi valle de sombras (Malaquías 4:2). ¡Qué bueno es Dios! "Señor, ayúdame", clamé.

De inmediato una dulce calma me envolvió. Mi problema estaba ahí, pero había algo nuevo en mí. Dios me estaba mostrando su amor y su cuidado providencial. Desde ese momento supe que todo estaría bien aunque continuara en este valle de sombra de muerte.

Algo para meditar

El Todopoderoso será tu defensa, orarás a Él y Él te oirá (Job 22: 25-27).Cuando pases por las aguas Yo estaré contigo, y si pasas por los ríos no te anegarán, si pasas por el fuego no te quemarás, porque Yo, Jehová, Dios tuyo, el Santo de Israel, soy tu Salvador (Isaías 43:2). Dios siempre cumple lo que promete, Él ayudará cuando estemos ante la adversidad.

Oración: Que cada hombre busque con ansiedad que Dios le hable, especialmente mediante su Palabra. Dios solo espera nuestro clamor para revelarse a nuestras vidas cada día, dejemos que Él dirija nuestro caminar por la vida. Si confiamos en Él, Él hará realidad los deseos de nuestro corazón (Salmo 37:4) y nos hablará mientras escudriñamos su Palabra.

Capítulo 4
"Te enseñaré cosas grandes y ocultas que tú no conoces" (Jeremías 33:3)

Caminaba con mi familia y mi padre al Centro Médico. Durante todo el trayecto, mi padre decía: "Si me dicen que tengo cáncer, me pego un tiro". Fue mi tiempo de clamar: "Señor, si es verdad que Tú me oyes, permíteme hablar con el doctor antes que mi padre entre a su oficina". Cuando el doctor preguntó a mi padre con cuál de sus hijos él debía hablar, mi padre me señaló y me dijo: "Ve tú, nena"; maravillada, entré a hablar con el doctor. Le expresé mis temores, pero él insistía en que tenía que informar a mi padre su realidad de vida. Permanecí terca en mi petición. Al fin accedió a decirle a mi padre el nombre científico de su enfermedad: "Mal de Hodgkin". Eso fue lo que mi padre escuchó. De vuelta a casa, durante todo el trayecto, mi padre decía: "Gracias a Dios que no tengo cáncer". Me preguntaba: "¿Cuál es el mal que tengo?", y con cada pregunta tenía que clamar: "Dios, fortaléceme para contestarle tranquilamente". "Mal de Hodgkin, papi", le decía. Dios me oyó, trabajó muy bien con mis emociones. Quería gritar.

Algo para meditar
Te he llamado, oh Jehová, he extendido a ti mis manos, mi oración he presentado delante de ti, muéstrame tus maravillas (Salmo 88:9).

Dios lo hace, muestra cuán maravilloso es Él cuando clamamos y lo vemos respondiendo a nuestro clamor.

Oración: Por los que están en situaciones desesperadas, los que piensan que no hay salida para su dolor. Dios es la respuesta y continúa diciendo: "Clama a mí y Yo te responderé" (Jeremías 33:3).

Capítulo 5
"Y el Espíritu dijo a Felipe: 'Acércate y júntate a ese carro'" (Hechos 8:29)

Los acontecimientos futuros estuvieron llenos de retos para la familia y yo continuaba clamando al Dios que me invitó a hacerlo. Un día, en medio de una gran multitud en el Centro Médico, clamé: "Dios, si es verdad que me oyes, envía a alguien que me diga que Tú me amas". Al terminar el clamor, un hombre de alta estatura se me acercó y me dijo: "Dios le bendiga, usted no me conoce a mí ni yo la conozco a usted, pero el Dios a quien amo y sirvo me mandó a decirle que la ama". No me dio tiempo a reaccionar, así como apareció, así desapareció. Cuando llegue a la casa de mi Padre, le diré que quiero conocer a este Felipe del siglo 20 (1973), quien movido por su Espíritu Santo, me pavimentó el camino para que un día declarara al igual que aquel etíope: "Creo que Jesucristo es el Hijo de Dios" (Hechos 8:37).

Algo para meditar

Id por todo el mundo y predicad el Evangelio a toda criatura. El que creyere y se bautizare será salvo, mas el que no creyere será condenado (Marcos 16:15).Esa es nuestra tarea, Dios nos ha dado el ministerio de la reconciliación. Es como si Dios dijera al mundo por medio de nosotros: "Reconcíliate conmigo". Somos embajadores del Reino de Dios (2 Corintios 5:18),no podemos dejar de decir lo que Dios ha hecho con nosotros (Hechos 4:20).

Oración: Que Dios levante muchos "Felipes" y "Felipas" que realicen su tarea en este siglo. La mies es mucha y los obreros son pocos. Roguemos al Señor de la mies que envíe obreros a su mies. (Mateo 9:35)

Capítulo 6
"Te enseñaré cosas grandes y ocultas que tú no conoces" (Jeremías 33:3)

A pesar de toda esta espectacular revelación de Dios a mi vida, mis estados de tristeza eran recurrentes. Todo el tiempo estaba necesitada de que Dios me ayudara y Él siempre lo hacía. Estando en una cafetería llena de gente, estaba sumamente triste, sintiéndome sola en medio de tan grande multitud, y sucedió algo que jamás olvidaré. Sin clamor alguno, pues estaba sumida en mi tristeza, Dios movió a una hermosa joven a acercarse a mi mesa y me dijo lo mismo que me había dicho el Felipe del siglo XX en el Centro Médico: "Dios me mandó a decirle que la ama". Esta joven no desapareció, se quedó conmigo hablándome de Jesús y luego me invitó a reunirme con un grupo que oraba en su oficina a la hora del almuerzo. No acepté su invitación, le puse excusas, pero el impacto de lo que hizo Dios me afectó profundamente. Dos experiencias tangibles del obstinado amor de Dios, manifestado a través de sus hijos. Conoceré también a esta joven cuando llegue al cielo, esa es mi encomienda. Quiero que las dos personas usadas por Dios, vean el fruto de su trabajo y se gocen conmigo.

Algo para meditar

Ninguno tenga en poco tu juventud, ocúpate en estas cosas y tu aprovechamiento será visto por todos (1 Timoteo 4:12). Dios promete enviar su Espíritu Santo sobre toda carne, incluyendo los jóvenes, quienes serán usados por el Señor, y señales y prodigios irán con ellos (Joel 2:28).

Oración: Por los jóvenes que responden al llamado de testificar sobre el amor de Dios. Dios bendiga a los jóvenes y los use para su Gloria.

Capítulo 7
Dios me confronta con mi realidad
"Estabais muertos en delitos y pecados" (Efesios 2:1)

Dios continuaba su revelación a mi vida, pero algo me impedía recibir esa revelación. "Tú sabes, Señor, que no puedo hacer compromisos contigo. Te buscaré aquí en mi casa, pero ir a una iglesia, nunca". Su obstinado amor lo movió un Sábado de Gloria, celebración conforme a la tradición cristiana, a hablarme cuando estaba en la cocina de mi casa. Dios habló con claridad a mi mente: "Mañana vas a resucitar conmigo". Yo le decía: "Yo no estoy muerta, Señor. Estoy viva". A las puertas de mi corazón estaba la revelación del Evangelio de Jesucristo que nos enseña a reconocer que somos pecadores y aunque respiremos, estamos muertos a los propósitos de Dios, porque no entendemos las cosas espirituales (Efesios 2:1). Yo pensaba que estaba viva, disfrutando de todo lo que la vida me ofrecía sin tener que prestar atención a Dios. ¡Qué bueno que Él no se rinde cuando de buscar al hombre perdido en delitos y pecados se trata! (Ezequiel 16:8). Es su voluntad que todos los hombres sean salvos y vengan al pleno conocimiento de la verdad (1 Timoteo 2:4).

Algo para meditar

Muertos en delitos y pecados, tenemos el entendimiento entenebrecido y vivimos ajenos a la vida de Dios, llenos de iras, amarguras, griterías, palabras corrompidas que salen de nuestros labios, caminando en nuestros propios caminos. Con Cristo, el Padre nos resucita y nos coloca en una nueva experiencia de vida donde damos honor, gloria y honra a su nombre (Romanos 6:23). Por gracia somos salvos por medio de la fe (Efesios 2:11). Gracias sean dadas a Dios que nos da la victoria por medio de nuestro Señor Jesucristo (1Corintios15:57).

Oración: Que Dios continúe manifestando al hombre su amor, que muestre su paciencia para los que se resisten a su amoroso llamado y que termine su obra de revelación santa. Ese es su eterno propósito. (1 Timoteo 2:4)

Capítulo 8
"Yo soy la resurrección y la vida" (Juan 11:25)

Fue un Domingo de Resurrección, conforme a la tradición cristiana, cuando sentí la necesidad de asistir a alguna iglesia. Pasé por una iglesia donde cantaban: "Al Cristo vivo sirvo y Él en el mundo está". Dije: "¡Qué bonito!" y entré. Me senté en el último banco, pero con actitud desafiante: "Quiero que me hables", le dije al Señor. En ese instante la revelación de Dios llegó a mi vida como un terremoto. Una hermana me entregó un tratado, solo pude leer la primera oración: "Fue la mano de Dios la que te buscó afanosa cuando te alejabas más y más y te apartabas de su camino". Un grito desgarrador irrumpió en la iglesia. Me llevaron sin fuerzas al altar, temblaba y pregunté al pastor: "¿Qué me pasa?"; él me contestó: "Tranquila, Dios está tratando con usted". Ese día hice un compromiso con Dios: "Te voy a conocer". Pasé de muerte a vida por mi fe en Cristo Jesús y por la acción del Espíritu Santo en mí (Efesios 2:1).

Algo para meditar

Dijo Jesús: "Yo soy la resurrección y la vida, el que cree en mí, aunque esté muerto, vivirá eternamente". (Juan 11:25)Después de la muerte física me espera la vida, una vida eterna con Jesús para agradecerle por su muerte en la cruz por mí. Alguien dijo: "La muerte apaga nuestra lámpara aquí en la tierra , pero nos encontramos con el Sol de Justica, quien nos alumbrará por toda la eternidad".

Alabemos su nombre.

Oración: Por los que escriben tratados y por los que los reparten; la labor es ardua para ambos, hacen su trabajo con oración para que el Espíritu Santo haga su obra en el corazón del que recibe el tratado y esto demanda planificación, ejecución y requiere dedicación.

Capítulo 9
"¿Por qué te detienes? Levántate y bautízate"
(Hechos 22:16)

Terrible lucha para llevar al alma a la obediencia. Cuando se hacía el llamado para prepararse para el bautismo, no quería entender que fue Jesucristo mismo quien ordenó esta experiencia a todo creyente (Mateo 28:19). Para mí, bautizarse implicaba un serio compromiso y esto no era lo que yo quería. El Espíritu Santo derribó mis fortalezas mentales cuando fijó mis ojos en este texto, me rendí, acepté el reto y bajé a las aguas bautismales: "la tumba líquida", como la llamó un hermoso varón de Dios. Después de cuarenta y siete años sirviendo al Señor, recuerdo esto como la experiencia más significativa de mi vida después de la experiencia de la salvación.

Algo para meditar

El bautismo es un mandato del Señor, no es una opción personal. En el bautismo, simbólicamente quedan enterrados todos los acontecimientos de la vida vieja y nos levantamos como un nuevo hombre para andar en una nueva vida dirigida por el Padre, el Hijo y el Espíritu Santo; una vida de resurrección.

Oración: Por los que consideran que ser cristiano trae retos que no los podrán cumplir y se resisten a bajar a las aguas bautismales. Es glorioso identificarnos con Cristo y colaborar con su obra . Este es su mandato y trae bendición a nuestras vidas cuando obedecemos. Esta experiencia nos identifica con Jesús y confirmamos en nuestras vidas su llamado a continuar su tarea. Él nos hace un triple llamamiento: ven, sígueme, continúa mi obra.

Capítulo 10
Matriculada en la escuela del perfeccionamiento
"Dios dijo a Salomón: 'Pídeme lo que quieras'; Salomón le contestó: '¡Dame sabiduría y ciencia'" (2 Crónicas 1:7,10)

Era hora de comenzar en serio a correr la carrera que tenía por delante para alcanzar el plan de Dios para mi vida. Leer la experiencia de Salomón me motivó a hacer la misma petición y empecé a clamar por sabiduría. Dios me matriculó en su Escuela de Perfeccionamiento.

Las primeras lecciones se relacionaban con cambios serios en mis estilos de vida, los primeros cambios fueron en el seno de mi hogar. Era una mujer hostil, voluntariosa, terca, desobediente, gritona, desconsiderada; la última palabra en mi hogar siempre la daba yo. Siempre terminaba mis argumentos exclamando: "Punto y se acabó". Dios me dijo: "Quiero que quites ese punto de tu vida". Aprendí a dar espacio a mi esposo y a mis hijos para que ellos también expresaran sus opiniones, aprendí a escuchar a otros; me dio trabajo, pero con Jesús lo logré. Mi conducta fue la razón por la que Dios un día me dijo: "Tú has retardado mi promesa". Entendí que de verdad me portaba mal, necesitaba cambios y hacia ello me dirigí.

Algo para meditar
El que está en Cristo nueva criatura es, las cosas viejas pasan, Dios hace todo nuevo (2 Corintios 5:17).

Sentimos cómo Dios va deshaciendo nuestra vieja vida y empezando, como el alfarero, a dar una nueva forma a nuestro vaso de barro, impartiéndole colores brillantes que dan belleza a su obra, que luego proyectará al mundo la imagen de su hijo Jesús. ¡Alabado sea su nombre!

Oración: Que Dios nos matricule en su "Escuela de Perfeccionamiento". Nos va a doler, pero firmes y adelante prosigamos a la meta. Brillaremos como luminarias alumbrando a este mundo que está en tinieblas y viviremos proyectando la imagen de Jesús (Mateo 5:16). Las normas de conducta del cielo se harán reales en nosotros y andaremos siempre en la luz de Dios (Mateo 5:14). Todos lo verán.

Capítulo 11
"Oye, te ruego y hablaré, yo te preguntaré y Tú me enseñarás" (Job 42:4)

Durante el proceso enseñanza-aprendizaje, Dios me convenció de mi ignorancia al leer el libro de Job (Capítulos 38-42) y decidí hacer como Job: "Yo te voy a preguntar y Tú me enseñarás" (Job 42:4). En cada decisión que tengo que hacer le pregunto: "¿Cuál es tu pensamiento?"; nada hago si no le pregunto qué quiere que yo haga. Aquello aprendido, "ayúdate que yo te ayudaré", se derrumbó. Dios no necesita nuestra ayuda, necesita nuestra obediencia a sus preceptos; esto es lo que garantiza su bendición a nuestras vidas. Acostumbraba a comprarme trajes costosos, aprendí a decir a Dios: "Quiero comprarme un traje bueno, bonito y barato", y Dios me dirigía exactamente a la tienda que supliría mi triple petición. Todavía lo hace. Un día me compré un vestido, pero no pude comprarme la cartera adecuada porque no me alcanzaba el dinero; al otro día una hermana me llevó un regalo a la iglesia y era la misma cartera que había anhelado comprar y que no pude hacerlo por falta de dinero. ¡Qué bueno es Dios! Él nos sorprende accediendo aun a nuestros pequeños deseos y gustos.

Algo para meditar

Deléitate en Jehová y Él te concederá las peticiones de tu corazón(Salmo 34:7). Sí, es un deleite para Dios complacernos y que luego le respondamos con gratitud. No importa la petición, su mano siempre está extendida para bendecir (Isaías 59:1).

Oración: Trabajemos en oración la dependencia de Dios en todo, esto nos evitará muchos problemas que nos llegan cuando actuamos por nuestra propia cuenta. Es bueno depender de Él y obedecerlo siempre (1Samuel 15:22).

Capítulo 12
"Enséñame a hacer tu voluntad, porque Tú eres mi Dios" (Salmo 143:10)

Al hacer mía esta oración, Dios lo tomó en serio. Un día, caminando hacia mi trabajo, me trajo a mi mente Génesis 3:16, "Y él se enseñoreará de ti", y me dijo: "Quiero que lo dividas así: él (tu esposo), señor se hará de ti". Grité: "Oh no" y caí de bruces al suelo. Con las rodillas ensangrentadas y adoloridas le dije: "Señor, me empujaste. Está bien, Señor; mi marido tomará su posición de líder en mi casa". Hasta ese día era yo quien tomaba todas las decisiones en mi hogar. En la tarde Dios confirmó el mandato de la mañana y le dije a mi esposo: "Hay que hacer esto y quiero que lo hagas así", y por primera vez lo escuché decir: "No, lo vamos a hacer así porque aquí yo soy el jefe". Mucho me dolió, pero entendí que Dios estaba en el asunto y acepté su reto: Daría a mi esposo el lugar establecido por Él para el hombre, jefe de la casa. "En el hogar no puede haber dos jefes", dijo una hermosa mujer de Dios en un libro sobre la familia. No fue fácil, pero Jesús fue mi apoyo y lo es hasta hoy (Efesios 5, 6). Todavía necesito su ayuda.

Algo para meditar

Mujeres, estad sujetas a vuestros maridos para que los que no creen sean ganados sin palabras por la conducta de sus esposas (Efesios 5:22).

Bueno, ese es el plan de Dios y es un plan perfecto, aunque no lo comprendamos. Si lo obedecemos, veremos a Dios obrando a nuestro favor.

Oración: Que Dios trabaje en nuestro hogar para que restaure el orden familiar y reconozcamos el rol sacerdotal del hombre en la familia. Nos irá bien, hay gozo en la sumisión (acción de someterse a la autoridad de otra persona). Propensos a ser "súper dependientes", nos cuesta...

Por fuerza tenemos que depender de Dios, quien es la suprema autoridad, para aceptar la sumisión a otros, aunque nos duela.

Capítulo 13
Enseñando lo que Dios me ha enseñado
"Si su marido la oye y calla, ella podrá hacer lo que anhela su corazón" (Números 30:7)

Dios nos reafirma su enseñanza. A veces deseaba ir al templo y mi esposo quería que me quedara en casa, esto traía contiendas y yo hacía lo que quería, me iba a la iglesia. Las contiendas se agravaban, por lo que le pregunté al Señor qué debía hacer. Él rápido me contestó a través de Números 30: Ley de los votos. Seguí la directriz de Dios para su pueblo Israel aprendida en este Capítulo y decía a mi esposo: "Voy para la iglesia" y si él se quedaba callado, me levantaba gozosa y me iba para la iglesia, pero si me decía que no, entonces lo obedecía. ¡Qué difícil sistema para el aprendizaje!, pero me ayudó Jehová y me enseñó que aunque mi esposo no le conociera, el lugar correspondiente para el hombre desde la caída seguía siendo el mismo, el marido, jefe en su casa. Yo no entendía esto, pero lo aceptaba como bueno porque venía de la boca de Dios para mí. Como la hija mayor con hermanos sujetos a lo que yo decía, acostumbrada a mandar a todos, el tener que pedir permiso y accionar de acuerdo con lo que otros decidían era bien frustrante y a la vez doloroso. Sufrí mucho.

Algo para meditar
Obedecer es mejor que todos los sacrificios (1 Samuel 15:22).

Una vida de obediencia es una vida donde el hijo de Dios vive todas sus experiencias bajo la dirección divina. Es bajo su dirección divina que vivimos una vida exitosa en todas las áreas.

Oración: Que Dios nos convenza de la posición del hombre en el hogar. Que nos conceda la gracia de obedecer todos los preceptos que afirmarán el amor y la unidad familiar. Sabiduría, necesitamos sabiduría. La mujer sabia edifica su casa (Proverbios 14:1).

Capítulo 14
"Yo sé los pensamientos que tengo acerca de vosotros" (Jeremías 29:11)

Yo tenía mis pensamientos, quería marcharme de mi hogar con mis hijos. Una amiga en los Estados Unidos me ofreció su casa. Mi decisión de "escapar" de mi casa era firme, pero hablé con mis hijos de 8, 7 y 6 años. Los dos más pequeños me dijeron que se iban conmigo, pero el mayor me dijo: "Yo me quedo con papi". Mi esposo no me maltrataba, no me injuriaba, no me peleaba; su mamá, analfabeta, lo enseñó muy bien.

Su único defecto eran sus amigos. Él tenía un matrimonio conmigo y un matrimonio con sus amigos, y en el momento de decidir con quién ir después de salir del trabajo, él decidía por sus amigos y llegaba tarde a la casa. El "pacto de compañía" propósito de Dios en el Edén para el primer matrimonio —No es bueno que el hombre esté solo (Génesis 2:18)—, no existía en mi hogar, siempre estaba sola. El matrimonio es para acompañarse el uno al otro, cualquier cosa que altere esto lleva al matrimonio al fracaso. Yo no conocía al Señor, por lo que mi barca (mi hogar), se encontraba naufragando. Mi hijo mayor determinó mi decisión, decidí quedarme en casa hasta que ellos crecieran. Pensaba que debía sacrificarme por ellos, pero luego viviría mi vida a mi manera en los Estados Unidos. La determinación de mi hijo mayor fue una movida de Dios en aquel momento. Mi futuro y el futuro de mi hogar estaba en las manos de Dios y yo no lo sabía.

Algo para meditar
Los pensamientos de Dios siempre son mejores que los nuestros. Vivimos nuestro presente desconociendo el futuro que ya Él ha trazado para nuestras vidas (Isaías 40).

Oración: Por los hogares cuya barca está naufragando. Con Dios hay esperanza; una vez entremos en su caminar, corramos con paciencia la carrera hasta llegar a la meta. Que Él dé en nuestro territorio su paz (Salmo 147:14). Su guía hasta alcanzar esta meta, será excitante aunque nos duela. En el momento de Dios ya no estaremos solas.

Capítulo 15
"Pensamientos de paz y no de mal" *(Jeremías 29:11)*

En los años posteriores la situación en mi hogar se agravó, por lo que fui al abogado a solicitar la demanda de divorcio. Ya no toleraba a mi marido, sus ausencias en la casa eran más frecuentes y a veces llegaba al otro día. Él no reaccionaba con mis pleitos, con mis lágrimas. En fin, llegué a la convicción de que ya no me quería y que el hogar para él se constituyó en un hotel donde podía ir a descansar un poco. Después de ir al abogado tuve el encuentro con mi Señor y sentí en mi corazón que debía detener el proceso de divorcio.

Visité la oficina del abogado y le expliqué lo que me había pasado con Dios y que Él ponía en mi corazón el deseo de esperar. El abogado se molestó mucho y me dijo que había entrado al grupo de los locos. "Aún así quiero esperar para ver qué hace Dios con mi matrimonio", le dije. Pensaba que Dios iba a hacer un milagro de un día para otro, pero Dios se tardó 11 años. ¿Por qué? Yo retardé su promesa. Mi testimonio al mundo y frente a mi esposo era fatal, no se veían cambios en mí.

Algo para meditar

Abraham creyó y esperó en Dios y llegó a ser padre de la fe y padre de muchas generaciones. Él caminó de esperanza contra esperanza hasta llegar a la meta delineada por Dios para su vida (Romanos 4:18). Dios nos enseña que si permanecemos firmes en nuestra esperanza, Él nos dará siempre la victoria y restaurará nuestros hogares. A Abraham le dio una nación de la cual salió el salvador del mundo, Jesucristo, y será Jesucristo quien traerá paz, unidad y amor a nuestros hogares (Salmo 149:14).

Oración: Que Dios nos fortalezca en la espera hasta que el milagro que anhelamos con nuestros esposos llegue. Él no fallará, puede pensar que Él lo hará, pero Él está ahí en nuestro hogar viendo nuestras luchas y no fallará. Aunque tardare, espérele (Habacuc 2:3). Oremos el Salmo 5:3, "Oh, Dios de mañana, me presentaré delante de ti y esperaré". ¡Muchas lágrimas derramé haciendo esta oración!

Capítulo 16
"Las ancianas enseñen a las jóvenes a amar a sus maridos" (Tito 2:4)

Este es el mandato de Dios, pero a mí me enseñó Él mismo. Pensé que ya había dejado de amar a mi marido, rehusaba sus acercamientos, así que hice dos peticiones: "Señor, **cámbialo** y permíteme amarlo de nuevo". Estaba orando mal. Dios me dirigió a una librería cristiana y allí encontré el libro *Cámbiame, Señor* escrito por Evelyn Christenson. Lo compré sin pensar que esto revolucionaría mi vida entera. En este libro la autora testifica cómo aprendió a orar correctamente. Dios me enseñó a través de este libro la forma correcta de orar; no debía pedir cambios para él, sino para mí (cámbiame a mí, Señor). Al obedecerle, un día mientras compartía con mi marido, exclamé: "Dios, te amo y a mi marido también". Mi esposo me dijo: "Has dicho que me amas" y yo le respondí: "Se me chispoteó"; es decir: lo dije sin pensar. No le di el crédito a Dios. Él, por su gracia, efectuó cambios para bien en mi vida y muchos años después, a Dios le plació revelar su amor a mi esposo.

Algo para meditar

Al principio la disciplina del Señor nos parece demasiado fuerte, pero la misma desarrolla frutos justos que nos permiten participar en la santidad de Dios (Hebreos 12:11). Al mirar atrás al pasado nos preguntamos cómo Dios lo hizo y nos maravillamos. Surgen frutos espirituales en nosotros que cambian la atmósfera de nuestros hogares.

Oración: Que Dios haga cambios en nuestras vidas que impacten a nuestros esposos, para que sean salvados aun sin palabras (1 Pedro 3:1). Fijarán su mirada en nosotros y reconocerán que hay un Dios real que sí cambia la vida del hombre. Frutos vendrán.

Capítulo 17
"El marido incrédulo es santificado en la mujer"
(1 Corintios 7:14)

Se me hizo difícil aceptar esta palabra, no entendía cómo Dios podía ver a mi marido como si fuera un santo cuando me hacía sufrir tanto. Me molesté cuando un pastor me visitó y le dijo "siervo". Yo le dije: "No le diga siervo" y él me contestó: "Le digo como yo lo veo por fe. Yo lo veo sirviendo a Jesucristo y usted debe hacer lo mismo". Recordé una profecía donde Dios me dijo: "También para él tengo un llamado", pero los años pasaron y yo no veía en el horizonte la más remota posibilidad para que esto sucediera, máxime cuando un día le pregunté si él no pensaba en la experiencia de la cruz y me contestó: "Yo no sé, porque yo no estaba allí". Días más tarde él me preguntó: "¿Por dónde entró Cristóbal Colón a Puerto Rico, por Aguada o por Aguadilla?" y yo malévolamente le contesté: "Yo no sé, porque yo no estaba allí. ¿Cómo es posible que tú creas esa parte de la historia y la parte histórica sobre la muerte y resurrección de Jesús no la creas? Te va la vida si crees esto".

Algo para meditar

¿Quién entiende la mente del Señor? (1 Corintios 2:16). Él lo ha determinado, que el esposo incrédulo reciba gratuitamente por la fe de la esposa las bendiciones que fluyen desde el cielo para favorecerla.

Oración: Que el Espíritu Santo de Dios convenza a los seres que amamos de su pecado, de su justicia y de su juicio. Esa es su tarea. Ningún ser humano puede convencer a otra persona de la realidad de la salvación, pero sí podemos orar para que Dios los detenga en el camino de la vida y les haga su llamamiento santo (Efesios 2:5). Así lo hizo Él con nosotros.

Capítulo 18
"La mujer respete a su marido" (Efesios 5:33)

Muchas fueron las situaciones en las que mi esposo era agredido con mis palabras y mis acciones. No reconociendo la excelencia que Dios ha puesto sobre el hombre en el hogar, las ofensas eran frecuentes. A pesar de mi conducta, nunca mi esposo me faltó el respeto. Un día la palabra que has leído se engrandeció en mi alma y medité mi conducta. Al llegar mi esposo me interesé en conocer su opinión y le pregunté: "¿Yo te respeto?"; él con rapidez me dijo: "Tú no me respetas nada". Le expliqué sobre el mandato que me había dado Dios y le pedí su ayuda para yo cumplir con este mandato. De nuevo le daba a mi esposo autoridad para corregirme. ¡Duele! Máxime cuando él me decía: "respétame, respétame".

Algo para meditar

El diseño de Dios para el hogar no cambió con la entrada del pecado al mundo. Para restaurar los hogares, Cristo debe ser cabeza del hogar, así como es cabeza de la iglesia, luego el marido cabeza de la mujer (Efesios 5:23). El marido amará a su mujer como Cristo amó a su iglesia (Efesios 5:25). Se hace necesario cultivar el amor. Mi lema favorito es:

"El amor es algo que se ve y algo que se siente", ahora lo practico y me da resultado. Procuro responder con diligencia a los deseos de mi amado esposo; la satisfacción mutua cultiva el amor.

Oración: Que haya respeto mutuo en los hogares, entre sus miembros, y que el hombre comprenda la seria responsabilidad de ser el jefe en su hogar conforme al diseño de Dios (Efesios 5:25). Él es responsable de crear en el hogar una atmósfera donde prevalezcan el amor, el respeto, la confianza y la comunicación efectiva, necesarias para la felicidad de todos los integrantes de su familia. Oremos que esto sea una realidad en nuestros hogares.

Capítulo 19
"Estas palabras las escribirás en los postes de tu casa" (Deuteronomio 6:9)

Mi decisión de cambios drásticos para respetar a mi esposo era firme, así que hice lo que Dios le dijo a su pueblo Israel en Deuteronomio 6:9. Escribí en letras grandes los mandatos de Dios que modifican conductas y los coloqué en lugares estratégicos en las paredes de mi casa junto con la declaración "Cristo huésped invisible en este hogar", así cuando quería apartarme de los preceptos divinos, mis ojos siempre se iban a las directrices de Dios escritas en la pared. Él vio mi esfuerzo y me ayudó permitiendo que con la intervención de su Espíritu Santo, sus palabras pasaran de la pared directamente a mi corazón. ¡Cuán grandes cambios vio mi esposo en mí! Resurgió el amor.

Acostumbraba a tirar vasos contra la pared cuando me molestaba y mi esposo se quejaba porque tendría que comprar nuevos vasos; yo le decía: "Te quedan menos chavos para disfrutar con tus amigos". Irónico como parezca, un día me dijo cuando me vio molesta: "Toma un vaso y tíralo contra la pared". Le leí lo que tenía escrito en la pared: "El que está en Cristo nueva criatura es". La palabra pasó de la pared a mi corazón. ¡Hermoso! En una ocasión en que comencé a bailar en mi cocina (me gustaba bailar), se me acercó y me dijo: "Negra, no vuelvas atrás, quédate con Jesucristo". Yo le dije: "No te conviene ¿verdad?"; él me contestó: "No, no me conviene, quédate con Jesús". Valió la pena mi sumisión.

Algo para meditar
Dios mira nuestros esfuerzos por agradarle y nos brinda su ayuda para que alcancemos lo que deseamos (Isaías 43:1).

Oración: Que cada pareja matrimonial se someta a los principios de Dios para la vida nueva bajo su guía, así levantará un hogar cuyos miembros proyectarán la imagen de Dios al mundo circundante. La imagen de Dios implica inmortalidad, inteligencia, rectitud, sabiduría y santidad, atributos de Dios puestos en Adán y Eva; por eso se dice que el hombre fue hecho a su imagen.

Capítulo 20
"Quitaré tu corazón de piedra y te daré un corazón de carne"(Ezequiel 36:26)

El Capítulo 36 de Ezequiel nos habla de restauración. Restaurar es volver algo a su estado original. El hombre deformado por el pecado necesitaba la restauración de la imagen de Dios en él y esto fue posible por medio de Jesucristo. Dios daba un viraje a mi vida para colocarme en el estado de santidad que Él había planificado para todo hombre, Él se inmiscuyó en mi mente, en mi corazón, en mis emociones, en mi conducta, en mis acciones y todo esto por medio de su Espíritu Santo. Quería tener un corazón nuevo y al leer el Capítulo 47 de Ezequiel, supe lo que tenía que hacer. Entré en el río de su espíritu por etapas, primero hasta los tobillos (Ezequiel 47:3), al inicio de mi jornada, oración y estudio de la palabra, para aprender todo sobre la unción de Dios; luego hasta las rodillas (47:4), orando con anhelo por la acción de su Espíritu Santo en mí; luego hasta los lomos (47:4), tipifica fuerza, fortaleza, la verdad de Dios nos ciñe; luego mi cuerpo entero hasta nadar en ese bendito río (47:5). Deseaba desesperadamente el fin de este divino proceso en mí (47: 12), quería crecer junto al Río del Espíritu para convertirme en árbol que diera fruto, con sus hojas siempre verdes donde no faltara el fruto maduro para luego salir del santuario de Dios y dar alimento a las naciones y servir de medicina al hombre enfermo en sus delitos y pecados (Salmo 1:3). Dios es un río de gracia.

Algo para meditar

Es maravilloso para cada creyente el bautismo del Espíritu Santo. Esta experiencia nos capacita para escuchar la voz de Dios en nuestros corazones, dando directrices sabias que nos digan siempre: Este es el camino, anda delante de mí hasta que alcances la estatura del varón y la varona perfectos (Efesios 4:13).

Oración: Señor, sumérgeme en el río de tu espíritu para dar mucho fruto. Quiero trabajar en tu viña y vivir en tu amor. Hazme entrar en tu río, Señor; hazme beber en tu río, Señor; hazme vivir en tu río, Señor. Como canta un hermoso varón de Dios: "Hazme volver, hazme beber, hazme vivir". Esto es el todo del hombre.

Capítulo 21
"El justo come hasta saciar su alma"
(Proverbios 13:25)

Ya no hubo vuelta atrás. En cada área de mi vida donde encontraba una falla hacía un estudio bíblico para mí, tomaba Biblia, libreta y lápiz, y escribía lo que Dios iba revelando a mi corazón. La palabra "Jesús tuvo compasión de ellos", me llevó a estudiar sobre la compasión de Dios (Mateo 9:36). Descubrí que de compasión no tenía nada que reflejara el carácter de Dios en mí. Ministraba a las personas, pero si estas no evidenciaban cambios inmediatos de acuerdo con mi criterio, decía: "Pues que se vayan al infierno"; hasta que Dios me reprendió: "¿Quién eres tú para enviar vidas al infierno?, pues mi propósito es que todo hombre sea salvo y que todos procedan al arrepentimiento" (1 Timoteo 2:4). Mucho tenía que hacer Dios en mí para yo demostrar al mundo su compasión (Mateo 10:8). También me interesé por mi herencia espiritual e hice un estudio sobre "Mi testamento". Cada área era escudriñada con dedicación y todos estos estudios los hacía para mí. Cada uno de ellos marcó mi vida. Dios permitió que luego enseñara a otros lo que Él me había enseñado.

Algo para meditar

Escudriñad las Escrituras (Juan 5:39). Es mandato divino. El doctor estudia medicina, el maestro pedagogía, el psiquiatra la salud mental, el cristiano la Biblia. No nos podemos conformar con lo que escuchamos en las predicaciones, los mensajes cantados, las lecturas de otros libros. Tenemos que estudiar la Biblia.

Oración: Que Dios mueva a su pueblo a escudriñar su Palabra, a permitir a su Espíritu Santo hacer cambios significativos en sus vidas mientras la leen y que preparen estudios bíblicos para sí mismos. Abundarán en bendiciones del cielo y luego llevarán el mensaje a las almas que lo esperan. Que todo obstáculo para leer su palabra sea quitado. Nos haremos sabios si cumplimos su mandato. Escudriñad las escrituras (Juan 5:39).

Capítulo 22
"Por Jehová son ordenados los pasos del hombre"
(Salmo 37:23)

Luego de este período preparatorio, Dios me lanzó a una experiencia que hasta el día de hoy permanece. Un día me invitaron a un retiro de mujeres donde un excelente expositor de la palabra iba a ministrar, no podía perder esa gran oportunidad. Viajé hasta el lugar del retiro con la hermana que lo organizó, pasaba el tiempo y el predicador no llegaba. Sentí la angustia de mi hermana y ya no pude callarme. Aun muerta de miedo, dije a la hermana: "No te preocupes, si él no viene yo puedo enseñarles algo de lo que Dios me ha enseñado. Traje la libreta donde tengo estudios bíblicos realizados solo para mí". Ella respiró aliviada de su carga. Llevé a aquel grupo el estudio sobre "Mi testamento". Para sorpresa mía, al terminarlo muchas hermanas me pidieron mi nombre y mi teléfono. No sabía a dónde llegaría esto, pero hoy entiendo que Dios me empujó a su río y me hizo nadar en él para luego dar de beber a los que estaban sedientos. Lo que sí sé, es que desde ese momento en adelante mi nombre corrió por mi isla y las invitaciones para ministrar a grupos y a iglesias fueron abundantes. ¿Quién entiende los caminos del Señor?

Algo para meditar

Dad por gracia lo que por gracia habéis recibido (Mateo 10:5). Todos nuestros talentos deberán estar sujetos a las necesidades de otros, no podemos esconder el talento que Dios nos da porque Él nos pedirá cuentas sobre nuestro servicio a otros, conforme a nuestro don.

Oración: Que Dios sea el que ordene nuestros pasos hacia el trabajo en su viña. Pedidle que cumpla su propósito en nuestra vida (Salmo 138:8). Hasta que el Señor venga y nos encuentre haciendo así como Él lo ha ordenado, seremos bienaventurados (Lucas 12:43).

Capítulo 23
Dad por gracia lo que
por gracia habéis recibido
"Cuán hermosos son los pies del que trae buenas nuevas" (Isaías 52:7)

La enseñanza de la palabra corrió como agua. Dios me tenía otra gran sorpresa. Visité Santo Domingo con la sola idea de buscar información para un hijo que deseaba estudiar allá y un hermano me invitó a ministrar en su iglesia sin consultar con su pastora. Ya establecida en el orden de Dios para realizar las cosas, esto me preocupó, máxime cuando se me indicó que en la iglesia las mujeres usaban velo. Yo no tenía velo. Dejé la solución de este "enorme problema" en sus manos y Dios lo resolvió muy bien. Era una iglesia pequeña, caminamos mucho para llegar a ella. La pastora oraba en el altar e inmediatamente cuando puse el pie en la puerta, comencé a hablar en lenguas. La pastora, quien oraba en el altar, se levantó, me abrazó, habló también en lenguas, danzó conmigo y me dijo: "Suba al altar, ya el Señor aprobó su visita". ¡Qué lindo es el Señor, cuán hermoso es el Señor! (Isaías 61:10).

Algo para meditar

Es tan fácil dejar nuestras preocupaciones en las manos del Señor. Él resuelve todo lo que nos preocupa cuando dejamos nuestras manos fuera de aquello que le hemos pedido a Él que resuelva. Como decía una hermosa mujer, hija del Altísimo: "Dios no tiene problemas, solo tiene soluciones para los nuestros" (Corrie ten Boom, prisionera de los campos de concentración de Hitler).

Oración: Para dejar nuestras preocupaciones en las manos del Señor, convencidos de que Él trazará nuestro camino. Él hace todo con sabiduría (Salmo 32:8). En aquella pequeña iglesia se predicó la palabra y hubo una maravillosa bendición. ¡A Él sea la Gloria!

Capítulo 24
"Y todos los días predicaban la palabra" (Hechos 5:42)

Después de esa experiencia fuimos de tiendas en Santo Domingo. Había entonado un himno en la iglesia la noche anterior y de momento me escuché cantando a todo volumen. Me detuve y vi a un hermano que gozoso me decía: "Hermana, yo la grabé anoche y los pastores que la han escuchado quieren que les visite". Le dije: "Mañana regreso a mi país"; "Pues tiene que volver, la esperamos". Yo me reí como hizo Sara, la esposa del siervo de Dios, Abraham, cuando en su vejez Dios le dijo que iba a tener un hijo (Génesis 18:12). "No me gusta montar en aviones, señor", le dije. Él me respondió: "Por tu hijo te montaste". No sabía lo que iba a suceder de aquí en adelante, pero ya sabía que, si había una invitación, tendría que contestarle a Dios en la afirmativa. Dios se las ingenió para que año tras año acudiera a enseñar su palabra en ese maravilloso país y me permitió ser parte de la familia que tenía separada en este país para hospedarme. Agradezco a Dios la hospitalidad de Lucía Raposo y su familia, fue hermoso para mí, se desarrolló una relación filial que hasta el día de hoy perdura (Hebreos 13:2).

Algo para meditar

Para cumplir su propósito en nuestras vidas, Dios echará a un lado todos nuestros temores y excusas (Isaías 41:14). Él llama, el siervo de Dios responde: "Heme aquí, envíame a mí" (Isaías 6:8).

Oración: Que respondamos al llamado de Dios a servirle, aunque esto signifique un riesgo para nosotros a nuestro juicio. Que nos haga conscientes del valor de la hospitalidad, necesario para suplir las necesidades de los siervos de Dios que ministran su Palabra (Hebreos 13:2).

Capítulo 25
"Llenos de gozo y del Espíritu, ministraban la Palabra" (Hechos 13:52)

Así hizo Dios, como en la iglesia primitiva. Ya para mi segundo viaje, sabía que iba a predicar.

Al llegar al estacionamiento del aeropuerto con la hermana Lucía, un varón de Dios que caminaba frente a nosotras detuvo su caminar y fue acercándose a mí con una profecía. Me decía el Señor a través de su profeta: "Misionera mía eres, habla y no calles porque te he traído para que grandes cosas veas en este lugar". Los tres empezamos a hablar lenguas en el estacionamiento y yo pensaba: *Por eso dicen que somos locos*. Formamos allí una loca algarabía. Cuando llegue al cielo quiero conocer a este varón.

La profecía dada por Dios se cumplió. La ministración de la Palabra se hacía agotadora, pero Dios siempre daba nuevas fuerzas para realizar la tarea (Isaías 40:29). La satisfacción de ver a Dios ministrando a su pueblo era fuente de gozo que reanudaba fuerzas para continuar hacia adelante cada día.

Algo para meditar

Cuán hermosos son los pies del que anuncia buenas nuevas, del que anuncia la paz (Isaías 52:7). Los profetas, Dios los bendiga, anuncian en todo lugar las buenas nuevas del amor de Dios (Juan 3:16). Que el mensaje que se lleve supla las necesidades del pueblo al que se sirve.

Oración: Que Dios levante profetas genuinos que hablen las verdades de Dios y que desenmascaren a los falsos profetas y a sus falsas enseñanzas. Predicaremos la sana doctrina, la cual incluye las siguientes áreas: Cristo salva, Cristo sana, Cristo bautiza con su Espíritu Santo y Cristo vuelve otra vez a la tierra. Este es el Evangelio completo.

Capítulo 26
"Nuestra ciudadanía está en los cielos"
(Filipenses 3:20)

Este fue el segundo mensaje que el Señor me dio para los hermanos de esta nación. En el primero solo hablé de mi testimonio y el interés de Dios por buscar al hombre para que le conozca. Vi cómo los hermanos llenos de amor alababan al Señor. Una ancianita muy enferma cantaba: "Cantando se me rompieron las cuerdas de mi guitarra, pero yo le canto ahora con las cuerdas de mi alma". Nunca olvidaré a esta anciana que ya mora con el Señor y su hermoso cántico. Era tal la unción, que el Espíritu Santo me movió a profetizar: "Pueblo mío, tus alabanzas llegan hasta el trono de mi gracia". Nunca jamás he visto cosa igual. Durante la adoración, una niña como de 12 años fue liberada de un demonio que la atormentaba desde su niñez. Se sentía tan feliz. Al otro día la mamá llegó a la iglesia diciendo que quería hacer tratos con el Dios que había quitado la tortura de su hija. Hubo fiesta en la tierra y también en el cielo (Lucas 15:7).

Comencé a ver las grandes cosas que Dios me dijo que iba a ver en esta nación. Se organizaron retiros y el pueblo de Dios fue ministrado por la Palabra; se elevaban oraciones por los que estaban enfermos y sanaban.

Algo para meditar
El Padre nos llama para el conocimiento de su amor, el Hijo nos redime y el Espíritu Santo nos sella, haciéndonos sentir que somos hijos de Dios (Romanos 8:16). Es un placer hacer lo que a Él le agrada (Juan 8:29).

Oración: Que con nuestro testimonio Dios siga fortaleciendo a su pueblo, libertando a los cautivos y sanando a los enfermos del alma, del cuerpo y del espíritu. Cada día el Señor nos capacitará para decir como Él: "Hasta ahora mi Padre trabaja y yo trabajo" (Juan 5:17). Trabajemos, vendrá el día en que descansaremos (Juan 9:4).

Capítulo 27
"Hospedaos los unos a los otros" (1 Pedro 4:9)

Mi visita al país de Santo Domingo abrió las puertas para que la hermana misionera que me recibió en su casa nos visitara en Puerto Rico. Mi esposo la observaba mucho y un día me dijo: "Me gusta esa Sra., porque te ayuda mucho". Dios internalizó desde ese momento en mi corazón que esta hermana estaría involucrada en la experiencia de salvación de mi esposo; no tenía idea de cómo sería, pero estaba segura de que así sería. En una ocasión vi tambaleada mi fe porque la misionera le habló de Jesús y de la necesidad de orar y al preguntarle si él oraba; le contestó:

"Yo oro más que el diablo". ¡Qué mal me sentí! Le dije que se cuidara con lo que decía, pero él insistió en su afirmación. Me preguntó: "¿El diablo ora?", le contesté: "No", y me dijo: "Pues yo oro más que él, porque aunque sea una pequeñita oración, yo oro más que él". La hermana se reía, me orientaba y me consolaba: "Tenga paciencia, él viene a este camino y pronto", me decía. Lo más grande para mí fue que ella lo invitara a acompañarme en mi próxima visita a su país y que él aceptara (Romanos 11:33). ¿Qué tendría Dios en su mente?

Algo para meditar

Cuán inescrutables son sus caminos (Romanos 11:33). ¿Quién podrá entender los pensamientos de Dios? (1 Corintios 2:16). Él dirige nuestros pasos día a día hasta que vemos su plan realizado. Me gusta la declaración de Jesús: "Lo que no entendemos ahora, lo entenderemos después" (Juan 13:7).

Oración: Que seamos hospitalarios, pues no sabemos qué bendición vamos a recibir con aquel a quien hospedamos en nuestro hogar (Hebreos 13:2).

Capítulo 28
El tiempo de la salvación está cercano
"La dádiva de Dios es vida eterna en Cristo Jesús"
(Romanos 6:23)

En mi próximo viaje a Santo Domingo mi esposo me acompañó. Iba llena de gozo porque pensaba que la hora de redención de mi esposo estaba cerca; cuán equivocada estaba. Allá hizo estrecha amistad con un familiar de la misionera y se iba con él a disfrutar la vida y llegaba en la noche muy alegre. ¡Qué bochorno, qué mal me sentía! Presentaba mis excusas a la hermana Lucía, pero ella me decía: "Dios está en el asunto, hermana. Esperemos, vamos a ver lo que Dios va a hacer". La hermana tenía tres hijas jóvenes y él las adoptó como hijas. Estas niñas empezaron a llamarle papá, estaban muy atentas a sus deseos y hasta le celebraron su cumpleaños. El ambiente le agradó.

Las jóvenes veían cómo se disfrutaba mi esposo sus vacaciones y dijeron: "Si él se convierte al Señor, nosotros vamos a volver a la iglesia, porque eso quiere decir que Cristo viene pronto". Les tomé esta palabra como promesa: Dios trataría con mi esposo y ellas irían con él y conmigo a la iglesia. Cuando esto sucedió, todas cumplieron su promesa. Sí, fueron a la iglesia y esto marcó en la vida de cada una de ellas el principio de muchos acontecimientos futuros para bien de sus almas.

Algo para meditar

Jehová no mira lo que mira el hombre (1 Samuel16:7). Yo miraba lo que tenía frente a mis ojos, todavía Dios no me había enseñado sobre la visión de más adentro; es decir, a ver las cosas según las ve Él. Necesitamos tener la visión del águila que cuando los vientos arrecian en la tormenta, cierran sus párpados exteriores pero abren "su párpado de más adentro" y ven bien por dónde viene la tormenta y pueden protegerse; así nosotros.

Oración: Para que veamos los acontecimientos de cada día con la expectativa de que Dios está en control, mirando lo que nos sucede.

Él promete hacer algo grande en nuestras vidas y lo hará.

Capítulo 29
"Todas las promesas de Dios son en Jesucristo sí y en el amén" (2 Corintios 1:20)

Continuaron las visitas al país amigo y mi esposo siempre hacía lo mismo, año tras año; la esperanza de mi corazón no tenía cumplimiento. Molesta, dije al Señor: "No vuelvo más, la cara se me cae de vergüenza", y tomé una decisión: No volvería más a ese país hasta que Dios no trabajara con él; pero los pensamientos de Dios son distintos a nuestros pensamientos. Sucedió un milagro: Predicaba sobre Isaías 43:10, la iglesia estaba alumbrada con linternas, sin micrófono porque no había luz, cuando un joven que lucía perturbado caminó frente a la iglesia y el pastor lo invitó a entrar. El joven pasó al altar y me dijo: —Sra., ore por mí, porque yo me estoy volviendo loco.

—¿Qué le pasa?

—Yo estaba en mi hogar, muy cerca de aquí, viendo en la TV el *Show* de Jackie, y de momento se fue ese *show* y apareció usted predicando esta palabra. El mensaje era impactante y salí de mi casa desorientado, pero al pasar por aquí la vi a usted y me dije: "Pero si esa es la Sra. que estaba en la televisión, pero veo que aquí no hay ni luz. Yo me estoy volviendo loco".

Le pregunté su nombre y al decirlo supe que sus padres eran cristianos. Él me confesó que desde su niñez sus padres lo llevaban al templo, pero al crecer dejó de asistir a la iglesia. Ese día se reconcilió con el Señor. Le dije: "Ve, cuenta a tus padres lo que Dios ha hecho contigo" (Mateo 5:19). Yo consideré esto el milagro del siglo XX. Hubo fiesta en el cielo y hubo fiesta en la tierra hasta la madrugada, todos saltando y bailando, agradeciendo al Señor por su visita y por la manifestación tan grande de su amor (Lucas 15:7). Mi esposo escuchó atento este testimonio, pero no dijo nada. Estábamos eufóricas comentando este gran milagro de amor y mi esposo callaba; mi esposo guardó estas cosas en su corazón.

Algo para meditar

Dios nunca llega tarde, su reloj para contestar nuestras peticiones está cronometrado. El justo por su fe vivirá (Habacuc 2:4),(Habacuc 3:17-19).

Oración: Oh Señor, enséñame a esperar (Lamentaciones 3:27).

Isaías 40:31, ¡cuántas veces canté este versículo y lo canté llorando!

Capítulo 30
"Mis pensamientos no son tus pensamientos"
(Isaías 55:8)

Regresamos a nuestra isla y yo continuaba diciendo: "No vuelvo más". Al llegar al aeropuerto mi corazón saltó de alegría, escuché a mi esposo decirle a mi mamá: "La hija suya apareció en Santo Domingo por televisión". Como él estaba cautivo en mi carro, yo conté a mi mamá con lujo de detalles lo acontecido, luego callé, oré y esperé. Sabía ya que esta experiencia había sido muy significativa para mi marido y que su redención estaba cerca. Muchas veces olvidamos que los propósitos de Dios alcanzan nuestras mañanas, Él ya sabe lo que ha de hacer con nosotros en el futuro. Acostumbraba a decirle al Señor: "Te doy gracias por el día que tienes en mente para tratar con mi marido"; día tras día declaraba mi fe, a todas las iglesias que visitaba las ponía a orar por él. Un día una hermana, en un grupo de oración donde estaba el que era mi pastor en aquel momento, preguntó: "¿Quién es Roberto?"; el pastor le dijo: "El esposo de una hermana. Toda la iglesia ora por él". La hermana dijo: "Tengo que visitarlo", y así lo hizo. Era una hermana muy graciosa y entre chiste y chiste hablaba de Jesús a mi esposo. Cuando ella se fue, él me dijo: "Me gusta esa Sra., es charlatana como yo". Mi esposo tiene un carácter jovial y a todo le saca un chiste. Dios unió dos caracteres parecidos para que su revelación llegara. ¡¿Quién entiende los caminos del Señor?!

Algo para meditar

Cuán inescrutables son sus caminos (Romanos 11:33). Cuando pensamos que Él guarda silencio y no hace nada, Él está obrando. Muchas veces nos apresuramos y hablamos lo que no sabemos; mejor es esperar en silencio la salvación de Jehová (Lamentaciones 3:26).

Oración: Que confiemos en los inescrutables designios de Dios. Él sabe cómo impartir su gracia con amor y nunca llega tarde.

Capítulo 31
"Aunque la promesa tardare, espérala" (Habacuc 2:3)

En esos días fui a una vigilia de oración y una hermana me profetizó: "La petición que tienes delante de mí, pronto será contestada". Dije al Señor: "No te tardes más, sabes que llevo 11 años orando por este hombre". Dos semanas después mi esposo llegó a mi casa llorando y me dijo: "Tengo que ir a la iglesia porque Dios me habló y yo me muero pronto". "¿Qué te dijo?", le pregunté. Él me dijo: "Primero me preguntó '¿qué tu piensas hacer con tu vida?'". Él no le contestó, pero Dios continuó hablándole a su mente: "Quiero que visites una iglesia". "No puedo, Tú sabes que yo bebo, yo fumo, yo juego lotería, yo juego caballos", le dijo él. "Quiero que visites una iglesia y si no lo haces, pondré mi mano sobre ti y no podrás pagar tus deudas". Supe que Dios le había hablado; solo Dios y yo sabemos cómo es él con el pago de sus deudas.

Algo para meditar

Muchas han sido las personas a las que Dios les ha hablado en su mente. Dios habla al hombre de muchas formas y de diferentes maneras (Hebreos 1:1-12). Una de mis oraciones favoritas cuando estoy frente a personas que necesitan la revelación de Dios es: "Señor, háblale en el sueño de la noche" (Job 33:15), y he visto cómo Dios lo ha hecho (Mateo 1:20).

Oración: Dar gracias a Dios por nuestra oración ya contestada por fe. Presentemos nuestras peticiones con acción de gracias (Filipenses 4:6), convencidos de que vale la pena servir al Señor. Él siempre obra a nuestro favor.

Capítulo 32
"He aquí, Yo vengo pronto" (Apocalipsis 22:7)

Visitamos la iglesia. El pastor Wenceslao Marrero predicó sobre la segunda venida de Cristo, hizo el llamado y mi esposo corrió de inmediato al altar diciendo: "Quiero recibir a Cristo". Hubo fiesta en la tierra y en el cielo, pero al salir de la iglesia mi esposo le dijo al pastor que le diera permiso para un día y él le dijo que sí. Le expliqué al pastor que él quería celebrar un día de fiesta en mi país; él me dijo: "confíe", pero ¿cómo iba a confiar si yo sabía que el 25 de julio de cada año él se iba de fiesta y llegaba a mi casa excesivamente alegre? Al llegar a nuestro hogar sucedió algo increíble, sentí temor y me llegó la duda: "¿Será verdad?", me preguntaba. Pedía perdón al Señor, pero la duda continuaba. No pude dormir, me levanté con mi esposo; quería ver algo súper especial, pero todo estaba normal. No hubo conversación sobre la experiencia en la iglesia. No solo perdí la noche, sino que durante el día todo fue turbación de la mente. ¡Qué triste!, perdí mi visión espiritual. En la tarde mi esposo me dijo: "Hoy me ha pasado algo increíble, he sentido una tremenda paz". Mi corazón saltó de alegría. ¡Qué bueno es Dios! Continúa su hermosa labor con nosotros aunque no confiemos plenamente en Él. Dije a mi esposo: "Esa es la paz de Dios que sobrepuja todo entendimiento" (Filipenses 4:7) y le expliqué lo que eso significaba.

Algo para meditar

Muchas veces hacemos peticiones al Señor y cuando Él nos concede la petición, vienen muchas dudas a la mente. ¿Para qué oramos entonces? Tenemos que hacernos fuertes en la fe y dar la batalla a las dudas con los ojos puestos en Jesús, el consumador de nuestra fe (Hebreos 12:2).

Esperemos con paciencia la salvación de Jehová (Romanos 8:25).

Oración: Que crezcamos en el conocimiento de la fidelidad de Dios y en la convicción de que Él siempre, siempre, contesta nuestras peticiones.

Capítulo 33
"Yo sé los pensamientos que tengo acerca de vosotros" (Isaías 55:8)

L legó el temido 25 de julio, mi esposo salió muy temprano a celebrar su fiesta y yo quedé con el corazón pequeñito. Empecé a orar. Al pasar la mañana llegaron a mi casa varias hermanas, uno que había sido mi pastor, Manuel Cortés, y mi pastor en aquel momento, Wenceslao Marrero.

Todos habían sido convocados por Dios para que me acompañaran en mi oración. Más tarde llegó mi esposo ebrio y al ver a tanta gente y a mis pastores, se cubrió el rostro y dijo: "Perdón, perdón". Mis pastores le dijeron: "No te preocupes, vamos a orar por ti".

Al imponerle las manos cayó al suelo sin fuerzas (Ezequiel 3:23). Yo miraba lo que hacía Dios. Estuvo descansando por algún tiempo y luego se levantó bien; había sido libertado del poder que lo ataba al alcohol, lo vi con mis propios ojos. ¡Alabado sea Dios!

Algo para meditar

¡Qué bueno es Dios! (Salmo 118:1). Él se acuerda de nosotros cuando estamos preocupados o sufriendo y siempre envía a su pueblo a consolarnos y a ayudarnos a crecer en la fe. Ese día Dios mandó a su ejército a mi casa para luchar junto a mí y levantar mis manos como hicieron con Moisés cuando estaba en guerra (Éxodo 17:11). Pudo haberme dicho como le dijo a Marta: "Si crees, verás la gloria de Dios" (Juan 11:40). Cada experiencia vivida ha desarrollado en mí una fe inquebrantable en su poder para resolver todos nuestros problemas (Salmo 93:4).

Oración: Para que no importe la dificultad. Sepamos que Dios está en control, Él siempre tiene la última palabra para nosotros y esa palabra es "victoria" (1 Corintios 15:57). Su obra en nosotros siempre es completa (Filipenses 1:6).

Capítulo 34
"Las cosas viejas pasaron; Dios hace todo nuevo"
(2 Corintios 5:17)

Los días subsiguientes no fueron fáciles para mi esposo, él dejó de inmediato de compartir con los amigos, pero estos lo buscaban.

Le invitaban a estar con ellos aunque no tomara licor, le decían que necesitaban oír sus chistes, pero Dios le enseñó a contestarles: "Si yo voy allí y no resisto la tentación, ustedes serán los primeros en señalarme con el dedo y me dirán: 'Y eso que es cristiano'". Cada triunfo de él era también mi triunfo; una nueva experiencia de hogar con los dos sirviendo a Jesucristo se hizo visible. El Señor puso en orden tantas cosas que hasta los vecinos lo notaron; una anciana que había escuchado mis algarabías en la casa, me decía que estaba contenta por lo que observaba. Yo le predicaba de mi Jesús. Antes, en mis trifulcas, cuando mi esposo me decía "los vecinos oyen", yo le respondía a viva voz: "Yo desayuno aquí, almuerzo aquí, como aquí y mis vecinos no me importan".

Ante este espectáculo de vida matrimonial estaba en deuda con los vecinos y ambos nos esforzamos en dejarles saber que el Rey de Reyes había venido a morar en nuestra casa para siempre (Lucas 19:5).

Algo para meditar
Tenemos a nuestro alrededor una gran nube de testigos (Hebreos 12:1), todos nos ven, todos nos oyen, todos nos juzgan con la vara que ellos conocen. El Rey de Reyes tiene sus exigencias; como dicen muchos: "Si eres cristiano, que se te note". Mi esposo y yo caminamos hacia esa meta, esta es una vivencia diaria (1 Juan 2:6).

Oración: Que luchemos para que sea realidad que el Gran Rey more en nuestra casa; que todos lo vean. Es una experiencia inefable.

Capítulo 35
"Te enseñaré el camino por donde debes andar"
(Salmo 32:8)

Por primera vez mi esposo me acompañaba a un pueblo donde me habían invitado a predicar. Yo iba guiando y en el camino mi esposo vio en la carretera un hermoso racimo de guineos verdes, vianda que a él le gusta mucho. Me pidió que me detuviera para cogerlo y le dije: "El dueño debe estar observando". "Pero si está en la carretera", me dijo. Yo oraba. Al terminar la predicación se nos acercó un matrimonio y nos invitó a tomar café, fuimos al hogar y de inmediato el hermano nos pidió que abriéramos el baúl del carro porque tenía cosas que darnos. Imaginen que , sí, lo primero que trajo fue un hermoso racimo de guineos verdes y muchos víveres y frutas. Mi esposo se quedó maravillado y con una gran lección: "Cuando estamos en este camino y hacemos lo correcto, Dios nos bendice rica y abundantemente" (Efesios 3:20).

Algo para meditar

Una vez que decidimos que Él sea nuestro Señor, Dios tiene sus demandas. Si es nuestro Señor, tenemos que obedecerle en todo aunque no entendamos (1 Juan 2:6). Su Espíritu Santo se encarga de hacernos entender cuáles son las conductas y normas del cielo y trabaja con nosotros para que evaluemos cada cosa que hacemos a la luz de su revelación (Salmo 18:28).

Oración: Que hagamos todo decentemente y en orden (1 Corintios 14:40) para que veamos su respuesta a nuestro deseo de hacer lo que a Él le agrada (Juan 8:29).

Capítulo 36
"Nada os dañará" (Lucas 10:19)
En este lugar prediqué: "Dios es grande y nosotros no le conocemos" (Job 36:26).

La unción del Espíritu Santo fue algo espectacular. Ante la presencia del Señor, se manifestó una posesión demoníaca en una joven.

Me le acerqué para orar por ella, pero como ésta intentaba arañarme la cara, mi esposo trató de detenerla. Mi pastor, Wenceslao Marrero, que estaba allí, le decía que la dejara, pero él insistía: "Le va a dañar la cara"; el pastor le contestaba: "No la puede tocar". El Señor libertó a la joven y al salir del templo, mi esposo me dijo: "¡Jesús magnifica! (como dicen los de mi país), ¿qué pasó aquí?". Tuve que darle un estudio bíblico a mi esposo sobre las huestes espirituales de maldad en los aires

(Efesios 6:12). Parte del ministerio de Jesús fue el libertar a los cautivos por el diablo. Muchos no lo creen, pero el mundo está bajo el poder del maligno (1 Juan 5:19); el conocer a Jesús nos abre los ojos a esta experiencia espiritual. La Escritura dice: "No tenemos lucha contra carne ni sangre, sino contra huestes de maldad que no vemos, pero sentimos los estragos de su obra maldita en el hombre" (1 Pedro 5:8).

Algo para meditar

Jesús exhibió públicamente a estas huestes espirituales de maldad en los aires, triunfando sobre ellas en la cruz (Colosenses 2:13). La experiencia de la cruz libertó al creyente de los lazos de maldad que le ataban a la conducta del hombre pecador en este mundo. El Espíritu Santo dirige al creyente a una nueva vida en Cristo Jesús. Caminamos cada día en novedad de vida, nueva es cada mañana (Lamentaciones 3:23) y cada día declaramos: "Este es el día que hizo el Señor para que nos regocijemos en Él" (Salmo 118:24).

Oración: Que el Señor nos enseñe sobre estas experiencias que están ocultas a muchos en este siglo y nos capacite para la lucha espiritual. Que aprendamos a desechar lo malo y dar la bienvenida a todo lo bueno que el Señor tiene para nosotros (1 Tesalonicenses 5:21).

Capítulo 37
"¿Qué nueva doctrina es esta?" (Marcos 1:27)

Yo también me impresioné al ver una manifestación demoníaca. Las malicias espirituales en los aires atan al hombre a la incredulidad, atan su voluntad y el hombre vive bajo su yugo. Cuando Jesús llega, ellos se van. Comenzando mi caminar con Dios, me uní a un grupo de oración. Al ocurrir la manifestación demoníaca, yo pensé: "Estamos volviendo a la Edad Media", época en que el tema tomó mucho auge. Otra jovencita llena del Espíritu Santo indicó: "Alguien está dudando"; ella sacó a muchos del lugar y nos envió a otro lugar a orar. La joven fue libertada, pero escuché que le preguntaron: "¿Quién eres?" y el poder demoniaco contestó: "Brujería". "¿Quién te envió a mortificar a esta joven?"; contestó: "La amante de su papá". Yo también salí con una nueva experiencia. Cosas ocultas que no sabemos, Dios las revela para que los cautivos por el diablo sean libertados (Lucas 4:18).

Algo para meditar

Muchas dolencias que tratamos como enfermedades son en realidad ataques a nuestra vida de estas huestes espirituales de maldad en los aires. Se sufre mucho y Dios levanta a su pueblo con autoridad para dejar libres de opresión a los hombres cuando se usa apropiadamente el nombre de Jesús. Él lo dijo con claridad: "En mi nombre echarán fuera demonios" (Marcos 16:17). No tengamos temor, usemos con autoridad el poder que el Señor nos ha dado para libertar a los que están cautivos.

Oración: Que Dios levante un pueblo que con seriedad pueda libertar a los cautivos por fuerzas espiritual en los aires. Muchas personas sufren muchos males, cuya fuente para tal sufrimiento son espíritus de maldad. Sigamos el ejemplo de Jesús (Lucas 4:35).

Capítulo 38
"Hago lo que no quiero hacer" (Romanos 7:19)

Yo misma tuve que ser libertada de fuerzas espirituales de maldad, cuya misión era entorpecer mi compromiso con Dios. Los miércoles teníamos servicio en nuestra iglesia, pero ese día pasaban todos mis programas favoritos por TV: el FBI en Acción, Ruta 66, Manix. Era muy fanática del actor que interpretaba el papel de Manix; mi esposo me decía: "Te vas a perder a Manix" y en muchas ocasiones, después de haberme vestido para ir a la iglesia, me quedaba en mi hogar para ver este programa.

Un día soñé que tenía una guerra con un gigante enorme y me encontré en el sueño diciendo lo que me habían enseñado: "Te reprendo en el nombre de Jesús". Mientras decía esto, el gigante se debilitaba hasta que cayó al suelo. Curiosa, al fin dije: "Quiero saber con quién he peleado" y cuando miré, la cara del gigante era Manix. Exclamé en el sueño: "¡Pero si es Manix!" y me desperté asustada. Una hermana versada en el tema me explicó cómo este poder quería impedir mi consagración total al Señor. Desde ese día di el primado a Cristo y me olvidé de mis programas de TV favoritos. No es fácil dejar algo que nos ata a la maldad o nos toma de nuestro tiempo para obstaculizar nuestra consagración; no es fácil.

Algo para meditar

En cada situación que nos distraiga y nos aleje de nuestra consagración total a Dios, tenemos que examinar qué fuerza siniestra nos aleja de hacer la voluntad de Dios. Debemos rechazar esa fuerza y pedir al Señor que nos llene con su presencia y que podamos disfrutar de su plenitud. El salmista lo dijo claro para nosotros: "En tu presencia hay plenitud de gozo, delicias a tu diestra para siempre (Salmo 16:11)". Dios debe ser nuestra delicia siempre.

Oración: Que Dios nos conceda el privilegio de saber qué nos detiene en nuestra consagración a Él y que por fe podamos reprender cualquier fuerza contraria que desee alejarnos de nuestra meta de conocer a Dios con profundidad.

Capítulo 39
Las bendiciones de la obediencia
"Mi vida doy por mis ovejas" (Juan 10:11)

El Evangelio no nos ordena a ir en una cacería de brujas, es decir, no tenemos que ver demonios en todo y culpar a los demonios por todo. Dios nos da el don de discernimiento de espíritus, esta es la capacidad que necesitamos para saber cuándo tenemos que penetrar este mundo obscuro de las tinieblas. Él nos equipa para la batalla, nos da siete llaves que abren los cielos para recibir su bendición libertadora: Su Espíritu Santo, la fe en Jesús, el nombre de Jesús, la sangre de Jesús, la Palabra, la oración y el ayuno; todas son llaves espirituales que nos adentran en el conocimiento profundo del Dios libertador del hombre. Jesús se presenta a los hombres como el Buen Pastor que dio su vida por sus ovejas (Juan 10:11). Él vino a libertar a todos los cautivos por el diablo (Mateo 17:14).

Algo para meditar

El Espíritu Santo es el que nos convence de nuestro caminar sin Dios por la vida, pone en nosotros fe en Jesús y en su nombre, nos convence de lo sucedido con cada gota de sangre derramada por Jesús para libertarnos, nos enseña el poder de la palabra en nuestras luchas, nos dirige a orar como debemos orar para que nos liberte y nos mueve a ayunar cuando los vientos de tormenta nos hacen sentir que naufragamos. Gracias sean dadas a Dios y a Jesucristo por su Espíritu Santo, Él es el que convence al mundo de su pecado (incredulidad), de la justicia de Dios por medio de Jesucristo y de su juicio (2 Corintios 5:10,21). Todos compareceremos ante el tribunal de Cristo.

Oración: Para que las Llaves del Reino dadas por Jesús y mencionadas aquí (Espíritu Santo, fe, nombre de Jesús, sangre de Jesús, la palabra, la oración y el ayuno), sean nuestro norte cuando de lidiar con cosas espirituales se trate (Mateo 16:19).

Capítulo 40
"Pon guarda a mi boca, guarda la puerta de mis labios" (Salmo 141:3)

En muchas ocasiones no son las malicias espirituales las que nos atan, sino nuestros propios deseos carnales. Necesitamos orar por sumisión, que el Señor nos ayude a someternos a aquello que Él considera que es bueno para nosotros. Pensando en que era una persona justa, caía en la tentación de gritar mis razones. Un día el Señor me mandó a callar, difícil tarea, así que me dediqué a ayunar para hablar solo lo necesario. Cuando usaba mi boca en forma inadecuada, suspendía el ayuno, pues reconocía que el propósito de Dios de poner freno a mi lengua no se cumpliría. Interrupción tras interrupción del ayuno, yo decía "mañana vuelvo". Dios me daba lecciones para la vida conforme a su voluntad en esta área: "Pon guarda a tu boca, guarda la puerta de tus labios" (Salmo 141:3). ¡Qué difícil situación la mía! Sufría mucho; me gustaba hablar.

Durante este ejercicio, Dios me hizo consciente de mi rol de líder.

Mis compañeros de trabajo no comprendían mi silencio. Yo sabía que tenía que seleccionar el método de Dios de estar en silencio y sólo comunicarme efectivamente, sin hacer sentir mal a nadie. Determiné que mi rol en la sociedad era solucionar conflictos, no crearlos con el mal uso de la lengua (Salmo 39:1). Aprendí mucho al guardar silencio (Proverbios 10:19).

Algo para meditar

La lengua es un pequeño miembro en nuestra boca, pero por el mal uso de ella han surgido grandes conflictos; se han ocasionado muchas guerras, angustias, mucho dolor; se ha difamado a gente inocente; se han dicho mentiras, falsos testimonios. El que pueda refrenar su lengua para solo hablar lo bueno del vecino, del amigo, del compañero de trabajo, ha llegado a un alto grado de control por la acción del Espíritu Santo en él (Santiago 3:5).

Oración: Que Dios nos sumerja en este ejercicio de callar y solo hablar lo que edifique a otras vidas. Que se cumpla en nosotros Colosenses 4:5.

En un mensaje, mi amada pastora Nilsa habló de un ayuno de silencio y me fascinó. Creo que deberíamos hacer ayunos de silencio para hablar menos y orar más.

Capítulo 41
"Palabra llena de gracia, sazonada con sal"
(Colosenses 4:5)

¡El Señor es bueno! Él me enseñaba mientras yo estudiaba su palabra. Un día leí este versículo y decidí practicarlo diariamente. Quiero que toda palabra que salga de mi boca sea llena de gracia (que se parezca al vocabulario que se habla en el cielo) y sazonada con sal (capaz cada palabra de sanar heridas y vendar corazones lastimados); para esto necesitaba un corazón conforme al corazón de Dios, como el Rey David (Hechos 13:22). Necesitaba un corazón seducido por Dios (dispuesto a hacer su voluntad), un corazón pacífico, puro, armonioso, honesto, bondadoso, amoroso, como dijo un hermoso varón de Dios. Hacia esa meta me encaminé y el proceso todavía continúa.

Algo para meditar

Hablar correctamente es demanda divina. Cuando venimos a este hermoso caminar con Dios, traemos malas costumbres, incluyendo el uso de palabras malsonantes y la tendencia humana de hablar mal de nuestro prójimo. Quizás pensemos que lo que decimos no es grave, pero siendo embajadores del Reino de Dios, el hablar correctamente y el proteger a nuestro hermano es un deber (Salmo 50:20), (Eclesiastés 7:22,29). Para convencer a otros del amor de Dios, nuestra vida deberá reflejar las normas del cielo. Usemos bien la palabra hablada, palabra que glorifique a Dios. De toda palabra ociosa que hablen nuestros labios, tendremos que dar cuenta a Dios (Mateo 12:36).

Oración: Que Dios nos dirija al desarrollo de las características espirituales aquí mencionadas, porque estas nos permitirán dar mucho fruto.

Hablaremos paz, hablaremos armoniosamente, bondadosamente, amorosamente; con toda palabra que salga de nuestra boca, Dios será glorificado. Enfatizo mucho sobre "las normas del cielo" porque se hace necesario evaluar toda nuestra conducta con base en este criterio.

Capítulo 42
"La copa del Señor y la copa de los demonios"
(1 Corintios 10:21)

A mi esposo y a mí nos gustaba ir a fiestas, bailar, compartir con amigos; él era el alma de la fiesta. Cada año participábamos en la fiesta preparada por La Asociación de Maestros de mi país, pero un día el Señor me llevó a esta porción bíblica y supe que tenía que tomar decisiones acordes con la voluntad de Dios para mi vida (1 Juan 2:15). Ya no quería fallarle, así que me arriesgué y le dije a mi esposo que no volvería a participar en estas fiestas, y sorpresa, él comprendió. Entendí que no era que me desligara del mundo, sino de aquellas ocasiones donde me sería fácil ofender a Dios. En los bailes suceden muchas cosas. En la última fiesta permití a mi esposo bailar con una amiga, pues yo no quería hacerlo, y me sentí súper mal por esta acción. A mi esposo no puedo compartirlo con nadie ni puedo exponerlo a nada que lo conduzca al pecado.

Algo para meditar

Beber de la copa del Señor no es tarea fácil, pero si lo hacemos, definitivamente el bien que recibiremos es mucho mayor que los placeres momentáneos que traen las experiencias del mundo (1 Juan 2:17). El llamado a captar la diferencia y a escoger lo mejor para la vida espiritual es imperativo, no hay excusas, Dios lo demanda y el creyente que lo ama inmediatamente responde que sí a su copa y no a la copa de los demonios, la cual nos lleva a deleites temporales. El mundo pasa y sus deseos, pero el que hace la voluntad de Dios permanece para siempre (1 Juan 2:17).

Oración: Que Dios nos dirija a ser selectivos en las actividades en las que deseamos participar, que nos libre del mal y de toda apariencia de mal (1 Tesalonicenses 5:22). El mundo que observa, glorificará a Dios por nuestra conducta.

Capítulo 43
"Líbranos del mal" (Lucas 11:4)

La lucha para hacer la voluntad de Dios es súper fuerte. Mi esposo me convenció para asistir a otro baile y allí compartía con él cuando una persona se me acercó a hacerme una pregunta: "¿Todavía usted va a la iglesia?"; le contesté que sí, pero en ese mismo momento me pregunté: *¿Qué hago yo aquí?* Tuve la certeza de la segunda venida de Cristo, tan fuerte, que le pedí la llave del auto a mi esposo para irme; él me respondió: "Si te vas, bailo con todo el mundo" y fue la primera vez que le di permiso a mi esposo para bailar con otra mujer. Sentía ya el sonar de la trompeta anunciando la llegada del Señor (1 Corintios 15:52) y mi determinación fue firme: Si el Señor viene hoy, yo me quiero ir con Él. Mi esposo llegó muy tarde, pero Dios me había impartido su paz y fue la primera vez que no le formé pleito a mi esposo por su tardanza y tampoco le pregunté con quién había bailado. Dios me convenció de que todo estaba bajo su control.

Algo para meditar

Cuando el Señor llega a nuestras vidas lo que desea es que proyectemos su imagen y que disfrutemos solamente de actividades acordes a nuestro nuevo modo de vivir. En la nueva familia donde Él nos coloca hay gozo, alegría, baile que le agrada a Él. La virgen se alegrará en la danza, los jóvenes y viejos juntamente (Jeremías 31:13). También hay regocijo y alborozo en este caminar con el Señor, no necesitamos otras experiencias de la vida para alcanzar todo esto que Él nos ofrece.

Oración: Que Dios nos enseñe a hacer su voluntad, Él es nuestro Dios (Salmo 143:10). En su sola presencia hay plenitud de gozo, delicias a su diestra para siempre. Él nos mostrará la senda de la vida y podremos entender, como el salmista, que en su presencia hay plenitud de gozo (Salmo 16:11).

Capítulo 44
"Quise juntaros bajo mis alas y no quisisteis"
(Mateo 23:37)

Dios quiere bendecirnos. Me invitaron a una iglesia y yo me senté en medio de una banca; al oír la forma en que alababan a Dios, me sentí incómoda. Eran muy ruidosos, pero no podía pasar por un lado ni por el otro para salir de la iglesia y regresar a mi casa. Una hermana guiada por el Espíritu Santo sí pasó hasta donde yo estaba y oró por mí. Me dijo: "Dios te quiere bendecir, pero tú no lo dejas".

Repetía la historia del pueblo de Israel, a la cual el Señor hace referencia en el texto que has leído arriba. De inmediato, Dios hizo camino para mi andar por donde antes no podía salir y me encontré en medio del templo bailando para el Señor. No comprendía nada de lo que me estaba pasando, pero la experiencia era tan hermosa que continué bailando y decía mientras bailaba: "Señor, este baile es mejor que el que yo bailaba antes". Luego una hermana me explicó cosas grandes y ocultas que yo no conocía, como el danzar para el Señor y el hablar en otras lenguas; era algo nuevo que escuché. De inmediato quise saber de todo eso e inicié mis estudios sobre la experiencia. Una nueva visión espiritual se desplegaba ante mis ojos, cosas grandes y ocultas estaban a mi disposición por la gracia de Dios.

Algo para meditar

Dios tiene multitud de bendiciones que para muchos creyentes están ocultas. No nos podemos conformar con lo que hacemos rutinariamente en nuestro caminar con el Señor, debemos anhelar experiencias profundas, las cuales serán realidad para nosotros cuando deseemos obtener los secretos de Dios. Él revela sus secretos a sus siervos que le buscan con esmero y dedicación (Amós 3:7).

Oración: Que el Señor nos enseñe experiencias espirituales que todavía desconocemos. Estas no son indispensables para la salvación, pero son experiencias que nos llenan de gozo. Que su Espíritu Santo haga su obra en nosotros. Seremos, con su poder, canales de su misericordia.

Capítulo 45
"Anda delante de mí y sé perfecto(a)"
(Génesis 17:1)

¿Perfecta yo? Para mí era misión imposible. La vanidad me dominaba, era adicta al uso de pelucas, había comprado once de diferentes colores y no descartaba la idea de comprarme más, pero Dios inició su enseñanza en este aspecto de mi vida y me convenció de que era idólatra en esta área, ya que no salía a la calle si no tenía una peluca. Él me inquietaba con paciencia para que dejara este hábito y no le hice caso, hasta un día que pasando por los pasillos de la escuela en que trabajaba, se me quedó la peluca enganchada en un árbol. Los estudiantes se reían y yo me sentí muy mal, ¡qué caramba, furiosa! La mano de Dios fue sobre mí en este asunto hasta que me rendí y tomé la decisión de no usar más pelucas. Me sentía tan triste por la condición de mi pelo, pero si esto era algo que Dios quería que hiciera yo, le iba a obedecer. Usar pelucas no lo considero malo, pero yo en este asunto había llegado al punto de la idolatría y Dios es un Dios celoso (Éxodo 20:5).

Algo para meditar

¡Qué difícil dejar a un lado las cosas que nos cautivan! De muchas formas y de diferentes maneras, Dios nos advierte cuando algo de nuestras vidas no le agrada, así que cuando hacemos oídos sordos a lo que nos dice, Él usa remedios drásticos que no nos gustan, pero que nos convencen de cuál es su voluntad para nuestras vidas, escogida para proyectar su gloria.

Oración: Que cuando el Señor nos pida que dejemos algo que nos pertenece o que amamos mucho, le obedezcamos, pues siempre Él da cosas mejores; no lo dudemos.

Capítulo 46
"De la boca de los niños perfecciono mi alabanza"
(Mateo 21:6)

Qué trauma significó el dejar de usar mis pelucas, tenía el pelo súper corto, escaso y rizo. Una mañana me miré en el espejo y sentí pena de mí misma; me quejé delante del Señor: "No me gusta cómo me veo". Con este sentir fui al banco y ya en la fila una nena se acercó, llamó a sus amiguitos y les dijo: "Miren a la que trabaja en televisión". Yo le dije que no trabajaba en televisión, pero ella dijo a sus amiguitos: "Se parece a la que trabaja en televisión, qué linda es, ¿verdad?". Tan pronto dijo esto, Dios trajo a mi memoria este versículo. ¡Qué bueno es Dios! Me dejó saber por medio de niños que Él me veía hermosa. Me confundieron con una artista. Llegué a mi hogar llena de gozo y decidí que lo importante en mi vida era que el Señor me encontrara hermosa y mi trauma fue quitado (Cantares 1:5,8).

Algo para meditar

Uno de los muchos traumas en nuestra vida se relaciona con nuestra apariencia; no nos aceptamos como somos. Dios mismo nos tiene que convencer de que somos su obra maestra y que la belleza en nosotros proviene de Él. El entender esto aumenta nuestra estima. En el Señor todos somos hermosos. ¡Alabemos su nombre!

Oración: Que Dios nos conceda el privilegio de saber cómo Él nos ve, esto dará significado a nuestra existencia. Ya no nos preocuparán los pensamientos de otros sobre nosotros, solo nos interesará cómo nos ve Dios y con eso basta.

Capítulo 47
"Todo lo que pidas al Padre en mi nombre, lo haré" (Juan 14:13)

El Señor me concedía las cosas más absurdas, complacía todos mis caprichos. Un día le dije que quería comer un tembleque pero aguado, es decir, que pudiera tomarlo como si fuera café. ¿Quién entiende esto?, pero era mi deseo. Una vecina me llamó y me dijo: "Hice tembleque para darte, pero tengo que desecharlo porque me quedó mal, me quedó aguado". Mi corazón brincó. Le dije que le estaba pidiendo eso al Señor y ella me dio todo lo que había cocinado y yo quedé maravillada de que Dios aún atendiera peticiones tontas y que hiciera provisión para muchos días (Efesios 3:20). Además, nunca carecí de un estacionamiento. Cuando para otros se hacía difícil estacionar su carro, yo solamente decía: "Señor, necesito un estacionamiento" e inmediatamente allí estaba.

Algo para meditar

El Señor nos dice que Él se complace en atender las necesidades de su pueblo por muy insignificantes que parezcan nuestros deseos (Salmo 37:4). Dios nos trata con delicadeza. En este mundo donde hay tanta dureza humana, es glorioso contar con un Dios delicado en su trato con nosotros.

Oración: Que podamos experimentar el hermoso amor de Dios cuando le hagamos peticiones que consideremos tontas y Él nos complazca. Hagamos nuestra la oración del Rey David: "Guárdame como a la niña de tus ojos" (Salmo 17:8).

Capítulo 48
"Pedid y se os dará" (Mateo 7:7)

En un momento de estrechez económica necesité dinero y lo pedí prestado a un familiar. Sentí tristeza cuando no llevé el dinero a mi casa. Doblé rodillas delante del Señor llorando, pero Él me dijo: "¿Por qué no viniste a mí primero?". Me dio directrices claras: "Ve a donde esta persona y le pides un préstamo"; fui de inmediato y la persona me indicó que enviaría el cheque por correo. Le dije al Señor: "Tengo dinero, pero no en mis manos y yo necesito dinero para comprar ropa para mi hijo que se gradúa". Con este sentir llegué a mi casa. Un grupo se reunió a orar conmigo en la noche. De momento tocaron a mi puerta, era mi vecina y me dijo: "Fui a la cooperativa y nuestro amigo me vio y me pidió que te trajera este cheque". Él le dijo que luego de decirme que me enviaría el cheque por correo, sintió mi necesidad y salió detrás de mí para hacerme el cheque de inmediato, pero no me encontró. Al ver a mi vecina confió en ella y le dijo: "Lleva esto a Manuelita, ella lo necesita ahora". Al otro día compré todo lo que mi hijo necesitaba para su graduación, Dios lo coordinó todo. ¡Aleluya!

Algo para meditar

De verdad, de verdad, Dios nunca llega tarde, siempre llega a tiempo. Nos evitaríamos muchas ansiedades si confiáramos en su absoluto control de todas nuestras vivencias. Lo que tenemos que hacer es pedirle y esperar su respuesta.

Oración: Que Dios nos convenza de que antes de confiar en el otro hombre, Él es prioridad para que le llevemos nuestra necesidad. El proveerá (Génesis 22:14), (Salmo 118:9).

Capítulo 49
"Una es la gloria del sol, otra es la gloria de la luna" (1 Corintios 15:41)

Dios me fue enseñando cuál era mi lugar en su viña. En una ocasión me quejé porque a mí me gustaba cantar al Señor, pero mi pastor de aquel momento siempre le daba esa oportunidad a otra hermana. Emoción mala. El Señor me llevó a este versículo y entendí que cada uno en su viña tiene su don. Yo le dije al Señor: "Está bien, ella es el sol y yo soy la luna". Luego medité en que las estrellas, el sol y la luna ejercen su función sin peleas ni rencillas y que cada una de ellas trabaja para mantener en orden al universo; así su iglesia, cada creyente ejerce su función para que el propósito eterno de Dios se cumpla. Desde ese momento aprendí a gozarme cuando veía a cada miembro del cuerpo de Cristo trabajando para su Gloria. Cada creyente tiene Su gloria

(Efesios 4:8). ¡Hermoso! Usemos el don que Dios nos ha dado para su gloria y gózate cuando veas a cada hermano ejerciendo su función en la viña.

Algo para meditar

En nuestro caminar con Dios tenemos que decir "no" a los celos, envidias y discordias por el uso de los dones. La mejor forma para salir victoriosos en estas tentaciones es gozarnos con la tarea que realiza nuestro hermano(a) en la viña. Todos somos diferentes y Dios nos usa de diferentes maneras. Pablo usa la metáfora del cuerpo humano para ejemplificar la perfección, la tarea de cada miembro en la viña y el trabajo en equipo (Romanos 12:4).

Oración: Que Dios nos muestre nuestra tarea en su viña y que nos capacite para gozarnos con lo que hacemos para honrarle y con lo que Él hace a través de otros. Trabajemos en perfecta unidad.

Capítulo 50
"El amor cubre todas las faltas" (Proverbios 10:12)

Nuestra vida es muy normativa y a veces nuestras normas nos esclavizan con estilos de comportamiento. No me gustaba que se rompieran mis normas en casa y una de mis normas era no tocar lo que yo consideraba valioso. Tenía un jarro precioso y siempre daba órdenes a mis hijos para no tocarlo; un día, uno de mis hijos lo tiró al suelo accidentalmente. Vi su mirada de terror y solo pude exclamar: "El amor cubre todas las faltas". Mi hijo respiró aliviado y yo me percaté de cuán profundo estaba tratando Dios conmigo. Fui aprendiendo que antes de la norma está el amor que cubre las faltas que cometemos o que cometen otros. Así hizo Dios con Adán y Eva, ellos pecaron y se vieron desnudos, se hicieron su propia vestimenta, pero el amor divino los cubrió con pieles (Génesis 3:21). Así hace nuestro Padre Celestial con Jesús; el Padre cubre todas nuestras faltas y las de otros (Isaías 61:10). ¡Qué hermoso! Cubramos a nuestro amado hermano, no lo desnudemos.

Algo para meditar

El uso de normas entre fariseos y publicanos fue un desastre en el tiempo de Jesús y todavía lo es. Por ser severos en nuestras normas, hacemos severo daño a otros y esto Dios no lo aprueba, porque su norma es una: el amor. Con amor se cubren las faltas. Si yo hablo en lenguas humanas y angélicas y no tengo amor, nada soy (1 Corintios 13).

Oración: Que el Espíritu Santo de Dios examine nuestras normas y nos enseñe cómo manejar cada experiencia humana con amor. Oremos por que Él llene nuestro sendero con amor, ese fue su plan desde el principio.

Capítulo 51
"Seréis verdaderamente libres" (Juan 8:36)

Una norma mía tenía que ver con el matrimonio. No toleraba el divorcio, por eso cuando uno de mis hijos se quiso divorciar me molesté y lo regañé fuertemente, muy fuertemente. Pensé que lo había hecho bien, pero al montarme en mi carro, la presencia de Dios allí fue abrumadora y oí claramente su voz, diciéndome: "Has violentado la libertad para escoger de tu hijo y yo que soy Dios no lo he hecho". ¡Cuánto aprendí!No podemos imponer nuestras normas a otros, cada ser humano tiene la autorización de Dios para escoger su camino, como lo enseña Levítico 26:14.

El entender esto me capacitó para respetar al otro ser humano frente a mí, incluyendo a los niños.

Nuestras normas nos hacen ser irrespetuosos con aquellos que las violan. Es mejor callar y orar, Dios tendrá la respuesta adecuada para cada cosa que nos preocupa. Él romperá nuestras normas (Lucas 14:3) y pondrá en nuestros corazones las suyas.

Algo para meditar

¿Qué sucedería en el mundo si todos guiáramos nuestras relaciones con la fuerza del amor? Podríamos corregir a otros con amor y al hacerlo se cumpliría lo dicho en la palabra: "Que el justo me reprenda será un placer y un excelente bálsamo que no herirá mi cabeza" (Salmo 141:5). Tenemos que respetar la libertad del hombre para tomar decisiones, aunque éstas no nos gusten. Así lo determina Dios.

Oración: Que Dios nos ayude a respetar aun a aquel cuya conducta no esté de acuerdo con nuestras normas. Dejar a esa persona bajo el cuidado de Dios es mucho mejor. En especial respetar a los niños; ellos necesitan que les respetemos. Jesús lo hizo, nosotros también (Mateo 19:14). No inflijamos dolor a nuestros niños para que crezcan saludables y sintiéndose amados.

Capítulo 52
"Obedeced a vuestros pastores" (Hebreos 13:17)

Una de mis normas era que debía tener una conducta súper irreprensible si quería ministrar la palabra. Un día me tocaba predicar en la noche en un hogar, pero en mi trabajo durante el día pasé un coraje tan grande, que la vieja criatura tomó de nuevo su lugar y muchos fueron los que me oyeron en este momentáneo momento de ira. Pedí desde luego perdón al Señor, pero ya el mal uso de mi lengua había ocasionado estragos entre mis compañeros de trabajo. Al llegar la noche dije a mi pastor que no iba a predicar y le expliqué por qué. Me preguntó si había pedido perdón a Dios y al contestarle en la afirmativa, me dijo: "Pues va a predicar". Mi resistencia fuera de lo normal, motivó a mi pastor a darme una directriz clara. Me dijo: "No añada pecado a su pecado, obedezca a su pastor". La orden fue tajante, luego él oró por mí. Lo próximo que experimenté fue que Dios me dio un mensaje el cual nunca me había dado. Aprendí que Dios evalúa nuestra obediencia (1 Samuel 15:22) y que no tengo que cargar con la culpa del pecado después de que le pido perdón (1 Juan 1:9).

Dios no es como nosotros que retenemos los recuerdos de nuestra maldad y pensamos que esos recuerdos deben dirigir nuestro próximo paso en el trabajo en la viña del Señor; no es así, basta con mostrar a Dios nuestro arrepentimiento y hacer la firme determinación de que dicha acción pecaminosa no se volverá a repetir. Una vez hago esto, estoy de nuevo preparada por el Espíritu Santo para ministrar para su Gloria (1 Juan 2:1).

Algo para meditar

Abogado tenemos para con el Padre a Jesucristo el justo. Pidamos perdón cuando sea necesario y continuemos su obra (1 Juan 2:1).

Oración: Que nuestras normas nunca dirijan nuestras acciones. Dios, que conoce nuestra condición humana, tiene sus propias normas para tratar con nuestros errores. Aceptemos, por favor, las normas de Dios.

Capítulo 53
"Obedeced a vuestros pastores" (continuación)

M i pastor, Manuel Cortés, fue usado por Dios para disciplinar-me en muchas áreas de mi vida. Acabando el devocional, el pastor informa a la iglesia: "El Señor me deja sentir en mi corazón que esta noche predica Manuelita". "No, Señor", dije, pero me encontré caminando hacia el altar y preguntándome *¿qué hago ahora? ¿de qué predico?*

Mientras iba de mi asiento al frente obedeciendo a mi pastor, Dios me dio el mensaje, pero le pedí al pastor que no volviera a hacerme esto, que él sabía que a mí me gustaba prepárame, pero él, riendo, me dijo que era bueno prepararse, pero era mejor depender de Dios cuando surgieran situaciones inesperadas. Muchos malos ratos pasé, pero él continuaba su llamamiento a predicar cuando menos lo esperaba. En verdad aprendí a depender del Señor poniendo a un lado, en momentos así, mi norma de que debía prepararme para ministrar al Señor (Lucas 12:12).

Algo para meditar

Cuando el Señor nos concede el gran privilegio de enseñar a otros su palabra, debemos prepararnos para realizar la tarea con excelencia. Prepararse incluye la oración por la iluminación del Espíritu Santo, el estudio del pasaje o la porción bíblica específica que se va a exponer, el uso de comentarios y nuestras propias experiencias de vida. Todo esto permitirá un excelente mensaje de las verdades del cielo para los que escuchan, pero habrá ocasiones en que dependeremos totalmente de la inspiración divina instantánea (Mateo 10:20); en estos momentos: confiar en Dios.

Oración: Que Dios nos enseñe a depender de Él para todo y en todo tiempo, aun para ministraciones que surgen en el momento.

Capítulo 54
A trabajar en su viña
"Os doy poder para hollar serpientes y escorpiones" (Lucas 10:19)

El depender de Dios en toda circunstancia, me permitió realizar una obra de liberación en una persona muy amada. Huestes espirituales de maldad la atormentaban. Mientras le ministraba la palabra, reconoció que su hogar estaba lleno de cosas no agradables al Señor. Me pidió que fuera a limpiarle la casa y yo le pedí ayuda a algunas hermanas, pero todas me respondieron que esa acción había que realizarla en ayunas. Así fue como, dependiendo de Él, me fui sola a realizar la limpieza espiritual en ese hogar. Allí encontré la tabla ouija, un Buda con un vaso de agua, centavos en el vaso, libros de oraciones… cada cosa fue eliminada en el nombre de Jesús y echada a la basura. Se respiró limpieza espiritual en el hogar y yo salí con la sensación de la victoria. No estaba en ayunas, pero lo que había allí se fue con solo mencionar el nombre de Jesús. Di gracias al Señor por las enseñanzas de mi pastor Manuel Cortés: "No es el ayuno, no es la oración, es la total dependencia en Dios. Él obra" (Marcos 16:17).

Algo para meditar

Muchas personas depositan su confianza para resolver sus problemas en religiones y en actos religiosos, practicando aquello que a Dios no le agrada. La Escritura dice: "Hay caminos que al hombre le parecen correctos, pero son caminos que conducen a la muerte" (Proverbios16:25). Si vemos a alguien corriendo por estos caminos, debemos orientarlo y presentarle a aquel que dijo: "Yo soy el camino, la verdad y la vida, nadie viene al Padre si no es por mí" (Juan 14:6).

Oración: Que sin temor nos aprestemos a hacer toda obra que traiga libertad al hombre que está cautivo; esta es la voluntad de Dios (1 Timoteo 2:4). El amor por el que está cautivo echa fuera al temor (1 Juan 4:18).

Capítulo 55
"Jesús tuvo compasión de las multitudes"
(Mateo 9:36)

Acepté de mi pastor que me llamara sorpresivamente estando en el templo, para predicar. Él decía: "El Señor dice que hoy predica Manuelita". ¡Qué muchos malos ratos pasé por esto!, pero él se reía y me decía: "Aprende a depender del Señor". Un día se planificó un servicio al aire libre en la noche. Planifiqué en mi casa llegar tarde, no fuera a ser que a mi pastor se le ocurriera la brillante idea de decir lo que ya era su costumbre hacer en el templo. Llegué bien tarde y muy sigilosa, pero fue en vano, mi pastor me vio y anunció: "Llegó la predicadora de la noche". Una ráfaga de ira me envolvió. "No lo puedo creer", decía, pero tenía que obedecer a mi pastor, así que trabajando con mi coraje pregunté al Señor: *¿De qué predico?* Él me dio el texto clave y me dijo: "El tema es perdidos en el espacio". Yo le dije: "Señor, ese es un programa de televisión que a mí me gusta ver". Intentando obedecer a mi pastor, inicié la predicación. Al terminar la predicación vi cómo salían personas de sus hogares a hacer compromisos con Dios; hoy, una de esas personas es un pastor exitoso. ¡Gloria a Dios! Él tiene compasión de las multitudes y les envía anunciadores de su gran verdad: Su amor por el hombre.

Algo para meditar

No entendemos lo que hay en la mente de Dios, así que nuestra responsabilidad es hacer lo que Él nos ordena y esperar los resultados.

Oración: Que Dios nos convenza de que su gracia nos sostendrá en cada tarea que Él nos pida que hagamos. Que entendamos que hay muchos perdidos en este espacio que se llama tierra y es necesario que comprendan la obra de Jesús con su muerte en la cruz. Él dio un jonrón (vocablo del béisbol) que rompió el velo del templo y continuó su camino hasta el trono de Dios donde está sentado a la diestra del Padre, intercediendo para que la revelación de la experiencia del calvario ilumine la vida de los hombres, para que estos comiencen a vivir por el camino trazado por Dios. No sé nada de pelota, pero esto fue lo que Él puso en mis labios. Hasta yo me quedé asombrada. ¡Qué cosa! Dejemos de estar perdidos en el espacio.

Capítulo 56
Inescrutables son sus caminos
"Cuando estabas debajo de la higuera, te vi" (Juan 1:45-49)

Jesús nos ve dondequiera que estamos. Un día, a mis 12 años, me vio cuando caí en un charco profundo mientras me bañaba en el río. Pensé que me iba a ahogar, pero oí una voz que me dijo: "Ve al fondo y gatea hasta la orilla". ¡Qué extraña orden!, pero la obedecí y hoy estoy aquí diciendo que Dios me vio allí y su directriz salvó mi vida, porque Él tenía planes para mis mañanas. Me invitaron a predicar en una iglesia y Dios me motivó a testificar esta experiencia; al terminar, se me acercó un varón de Dios y me dijo que le había recordado su experiencia. Fue a la playa con su familia y parados en una roca, una ola se llevó a su pequeña. Angustia, gritos, confusión, oraciones en lenguas... El padre se tiró al mar para rescatar a su niña. Sentía chiquita el alma, pero al llegar su hija reía y le decía: "Papi, estoy practicando la técnica del perrito que mi maestro de natación me enseñó"; dos semanas antes el padre la había matriculado en una escuela de natación. El padre me dijo que estuvo encerrado por dos semanas en su cuarto dando gracias a Dios por este milagro.

Algo para meditar

Te enseñaré cosas ocultas que no conoces. Recordando esta experiencia en estos días, busqué en las redes sociales sobre la técnica del perrito y quedé maravillada. Valoré más esta intervención divina para garantizar el gozo de esta familia. Algo oculto que yo no sabía, me fue revelado por el Señor en estos días: la técnica del perrito, el primer aprendizaje en clases de natación.

Oración: Que Dios nos revele mientras oramos sobre cosas que Él sabe y que nosotros desconocemos. Veremos sus maravillas y nuestro corazón rebosará de gozo.

Capítulo 57
"Ellos se alegraron con la venida de Tito" (2 Corintios 7:6)

La hija mayor de la misionera de Santo Domingo llegó a mi casa muy atribulada. Su hermana se ahogó en el río, comentaban que se había suicidado y era necesario que yo fuera a consolarlos, me dijo. Le dije: "Voy a orar". Dios me dio esta palabra y supe que debía ir con ella, pero había un problema, yo no tenía dinero para viajar. Callaba y oraba. Llevé a la hermana a casa de una hermosa mujer de Dios y al despedirnos ella nos detuvo; le trajo a la hermana una ofrenda que guardaba para la persona que Dios le indicara. Al bajar las escaleras la hermana me dijo: "El Señor me dice que esta ofrenda es para ti". Allí estaba el dinero completo para comprar el boleto aéreo. Antes de salir de Puerto Rico, le pedí una palabra de consuelo para esta familia y me llevó a Isaías 35:8; "El que anduviere por este camino, por torpe que sea no se extraviará". Esta palabra fue libertadora no solo para la familia, sino también para la iglesia que estaba turbada.

Algo para meditar

Dios siempre nos envía ayuda desde su santuario en los momentos más desesperantes de nuestra vida. Si Él nos llama a consolar, vayamos a consolar. Es un privilegio.

Oración: Que Dios nos convierta en canales de su misericordia en este mundo sufriente. Muchos sufren: los que viven en pobreza, los que levantan solos a su familia, los desempleados, los maltratados, los que están enfermos, los indocumentados, los perseguidos por su fe, los violados… la lista es larga. Invirtamos en ellos nuestro tiempo. Salario hay para nuestro trabajo (Jeremías 31:16).

Capítulo 58
"Yo conozco lo profundo y lo escondido"
(Daniel 2:22)

El esposo de la joven que murió no conocía al Señor. Dios me dio esta palabra para él, reconoció que Dios le estaba hablando, me contó que estaba desesperado pues quería dar cristiana sepultura a su esposa y el cadáver no aparecía. Cada noche decía al Señor que contestara su petición. Al leerle la palabra que me dio el Señor, me dijo: "Yo no conozco al Señor como ustedes lo conocen, pero Él me contestó mi petición. Una noche, en sueños, me dijo dónde estaba su cuerpo. Le dije a un amigo que fuera a ese lugar conmigo, él me mostró su pena, quizás pensó que estaba loco, pero al llegar con él al sitio que Dios me mostró en sueños, allí estaba el cadáver de mi esposa, rodeado de gente. ¡Dios es bueno!". Le hablé de ese Dios bueno que hoy le hablaba. ¡Qué hermoso!

Algo para meditar
Con Dios mora la luz. Él lo sabe todo, pero qué hermoso cuando desciende a ayudar al que sufre, aunque la persona no lo conozca como Él desea que el hombre le conozca (Deuteronomio 12:10). Me dio para este hombre la palabra perfecta, lo llevé a la experiencia de Moisés y le informé que en este siglo repitió con él lo que hizo con su pueblo Israel cuando sufría (He conocido, he oído, he descendido; ven, te enviaré a Egipto (Éxodo 3:7)). Dios me envió a Santo Domingo para dejarle conocer su amor y su misericordia a este hombre.

Oración: Que el Señor nos convierta en canales de su misericordia. Que consolemos a otros con la misma consolación con la que nosotros hemos sido consolados (2 Corintios 1:4). Muchos sufren, necesitan consuelo. Hagamos nuestra la palabra de Isaías 61:1; "El Espíritu de Jehová está sobre mí y me envía a sanar a los quebrantados de corazón". Ora al Señor para que te deje conocer quién sufre y ministra su consuelo.

Capítulo 59
"Tú me vivificarás" (Salmo 138:7)

Hay momentos y momentos en nuestra vida. Para la Hna. Lucía, la pérdida de su hija la llevó a momentos de tristeza extrema. Su alma rehusaba consuelo, estaba en su valle de lágrimas por el ser amado fallecido, tenía el ánimo decaído, se sentía cansada, triste, indefensa, sin fuerzas, llena de penas; pero Dios se fijó en cada una de sus lágrimas, en cada suspiro, en su dolor y malestar. Aunque su alma rehusaba consuelo, Él descendió para poner en ella un nuevo cántico de fe. El Espíritu Santo me llevó a su lado, vi su rostro encarcelado y también sus manos en la espalda fuertemente entrelazadas como lazo salido del infierno (Salmo 124:7). Separé sus manos, las saqué de su espalda y las levanté con una orden divina: "Alaba a tu Dios, que Él no te ha abandonado". De inmediato los lazos que la ataban se soltaron y la criatura se rindió a su creador (Salmo 124:7). ¡Qué hermoso! Luego ella testificaba cuán atada se sentía. Confesó que tenía coraje con Dios y que esta emoción le impedía alabarle. Desde ese día su actitud cambió, la paz de Dios llegó aun en medio de la tormenta y Dios puso en su ser un nuevo cántico de fe. Regresé a mi país con la satisfacción del deber cumplido. ¡A Dios sea la Gloria!

Algo para meditar

¡Qué dolor sentimos con la pérdida de un familiar amado! ¿Estaremos tentados a preguntar a Dios dónde estaba? Dios, por su misericordia, me contestó en una ocasión en que le hice esta pregunta: "Estaba ahí cuando mi hijo fue asesinado y sentí tanto dolor, que por un segundo aparte mi vista y mi hijo clamó: 'Padre mío, ¿por qué me has desamparado?' (Mateo 27:46). Aquí estoy hoy, donde también hay dolor y luto para dar consuelo al enlutado".

Oración: Que Dios internalice en nosotros la convicción de que no importa la pena por la que estemos pasando, Dios nos está mirando y nunca nos dejará sin su consuelo. En el mundo tendréis aflicción, pero confiad, yo he vencido al mundo (Juan 16:33).

Capítulo 60
"Deja la ira y desecha el enojo" (Salmo 37:8)

Propensa a la ira, angustié a mi esposo por tres días. Dio mi carro a un joven para pintarlo y consideré al joven inexperto para realizar esta tarea; días después el joven le dijo que se tardaría más porque se le había dañado la pintura. Sucedió una segunda ocasión y yo peleando; en la tercera ocasión mi ira se desbordó.

Un escenario terrible y un ambiente tan cargado que solo Dios podía detener mi emoción descontrolada y lo hizo de una forma que me dejó sin fuerzas y avergonzada. Me dijo: "La hembra prevaleciendo sobre el macho, en la selva no es así". Solo pude decir: "Señor, ayúdame". Permanecí en silencio por días y cuando mi esposo me trajo el carro, lo que vieron mis ojos fue una obra perfecta. Me sentí muy mal, pero no dije nada a mi esposo. La vasija de barro se quebró y no surgían las palabras, en especial la palabra "perdóname" para mi amado esposo. ¡Qué paciencia me ha tenido!

Algo para meditar

Dios, al que ama, disciplina (Hebreos 12:6). La tristeza que provoca la disciplina da luego fruto apacible de justicia (Hebreos 12:11). Dios trata con dureza nuestros rasgos temperamentales; su propósito: que se nos note que Él es nuestro nuevo Señor. Espera que estemos dispuestos a obedecerle cuando demanda cambios drásticos a nuestra forma de actuar, de sentir y de pensar, aunque nos duela.

Oración: Que el Señor nos ayude a reconocer que somos barro en manos del alfarero (Jeremías 18:6). Oremos para que Él nos de la forma que Él quiera y como Él quiera, y que al terminar su tarea nos ayude a proyectar al mundo su imagen. Esa es nuestra meta.

Capítulo 61
"No seas como el caballo o como la mula sin entendimiento" (Salmo 32:9)

Cuando el Señor me llevó a esta palabra, le dije: "Me dijiste mula". Me interesó saber sus razones para decirme esto y tuve que reconocer que Él me conoce muy bien. El diccionario describe a la mula como inteligente pero terca, estéril, voluntariosa, que ofrece resistencia y patea indiscriminadamente.

Al caballo lo describe como salvaje, viviendo libremente, difícil de domar, agresivo, caminando con cuello erguido. Uy, pensé en el trabajo arduo que tendría que hacer Él conmigo. Lo hizo muy bien, me llevó muchas veces al desierto y allí habló a mi corazón (Oseas 2:14). Moisés mató a un egipcio y luego huyó, el Señor lo llevó a vivir a Madián, que significa "moradores del desierto" (Éxodo 2:13-15), y allí recibió la espectacular visita del Dios de los cielos, quien le dijo: "Quita el calzado de tus pies, porque el lugar que pisas, santo es" (Éxodo 3:5). A eso nos lleva Dios al desierto. Luego de su enseñanza, Dios nos envía al mundo con un glorioso mensaje (Éxodo 3:10). Cuando decidí obedecer al Señor, mis viajes al desierto fueron disminuyendo.

Algo para meditar
Te haré entender y te enseñaré el camino por donde debes andar (Salmo 32:8).

Él lo hace, nos instruye mientras escudriñamos su palabra y nos da directrices sabias (Isaías 30:21). Si algo quieres aprender, inicia el proceso enseñanza-aprendizaje leyendo su palabra cada día.

Oración: Señor, enséñanos a obedecerte, a dejar fuera de nuestra vida el viejo caminar. Desechemos la conducta dual mula-caballo, quita nuestras asperezas, haznos un vaso nuevo, un vaso lleno de tu amor. Que todos lo vean.

Capítulo 62
"El que está en Cristo, nueva criatura es"
(2 Corintios 5:17)

"Cámbiame, Señor", era mi súplica. En realidad, no tenía idea de cómo hacerlo.

Fui a una librería cristiana y allí encontré el libro *Cámbiame, Señor* de Evelyn Christenson. ¡Cómo hace Dios las cosas! El libro era el testimonio de una mujer que necesitó cambios en su vida. Leí con avidez sobre los principios que debemos practicar para lograr los cambios que deseamos y puse cada uno de ellos en acción. Tenía que morir (Juan 14:24) como el grano de trigo que cae en tierra, que si muere lleva mucho fruto. El proceso es doloroso, pero glorioso cuando vemos que Dios toma todo nuestro ser, espíritu, alma y cuerpo, y nos cambia de posición, de vasos de deshonra a vasos de honra, de muerte a vida, de una vida sin Cristo a una vida con Cristo. Jesús pone en nosotros fundamentos sólidos y luego nos envía a predicar con autoridad, a sanar enfermos en su nombre y a echar fuera demonios.

Algo para meditar

Es un milagro. Lo que Dios hace con nosotros para transformarnos es milagroso, todos lo notan. Algunos interpretan mal y creen que estamos locos. A mi supervisora le dijeron: "Tienes una trabajadora social loca". Fue ella misma quien me lo dijo cuando llegó a su vida un serio problema y al pedirle ayuda a Dios, este le dijo: "Ve, habla con Manuelita". Al ministrarle se reconcilió con su Señor y me dijo: "Ahora entiendo, no estás loca, estás enamorada de Jesús". La familia de Dios reconoce que Dios está con nosotros y en nosotros (Juan 14:17). ¡Hermoso!

Oración: Que el bendito Espíritu de Dios nos provoque al cambio y nos convierta en lumbreras (Mateo 5:16) (Filipenses 2:14) en este mundo que anda en tinieblas. Escudriñemos su palabra. El camino de la vida es hacia arriba al entendido, para apartarse del Seol aquí abajo (Proverbios 15:24).

Capítulo 63

"Jesús ni aun con eso respondió y Pilato se maravillaba" (Marcos 15:5)

Qué triste, en la Iglesia de Jesucristo nos suceden muchas cosas que nos llevan al sufrimiento. Hay hermanos que disfrutan del chisme, el chisme es cualquier comentario negativo que se dice de una persona. Siempre la intención en el corazón del que lo dice es mala. Me reunieron tres hermanas para confrontarme:

Una hermana les comentó que yo había dicho que mi iglesia estaba llena de demonios. Me dolió dos veces, primero porque no era cierto, segundo porque las hermanas que me cuestionaban no me conocían. Con Jesús ya no era mi estilo herir a quienes amaba y yo amaba a mi iglesia, pero sí era mi estilo la confrontación. "No, Señor. No me quedo callada, mañana en el trabajo discuto esto con ella". Ese era mi plan, pero al orar en la noche Jesús me llevó a este pasaje bíblico. Trabajo me dio, solo el modelo majestuoso de Jesús ante Pilato me detuvo, pero el no poder defenderme angustiaba a mi alma. Al final dejé todo en las manos del Señor. Meses después, en un servicio en la iglesia, el Señor me dio una hermosa bendición. El Señor trabajó con esta hermana y la llevó a donde yo estaba; lloraba descontroladamente. El Señor me dijo: "Mira, hija. Ahí la tienes". Yo estaba tan gozosa que le dije: "Señor, levántala y bendícela también". Ese es el perdón perfecto. Ahí mismo fui liberada del azote que me torturaba porque no me había podido defender. ¡Gloria al señor! Él nos defiende.

Algo para meditar

Pidamos al Señor que nos ayude a no desvestir a ningún hermano. Lo hacemos cuando le quitamos la vestimenta que Dios le puso cuando le entregó su vida; le quitamos este vestido hermoso cuando hablamos mal de él.

Oración: Señor, no quiero desvestir a nadie espiritualmente hablando, quiero que mantengan las vestiduras de salud que Tú les has puesto (Isaías 61:10).

Capítulo 64
"No dejes tu lugar" (Eclesiastés 10:4)

Fui a ministrar en una iglesia y la hermanita que me invitó me llevó de tiendas terminada la ministración. Ella se sentó en un banco y yo decidí continuar caminando. De momento Dios me dijo: "Dile a mi sierva que debe tener piel de sapo". Muerta de la risa viré hacia donde estaba ella, empezó a reírse y le pregunté: "¿Tú sabes lo que Dios quiere decir? Porque yo no entiendo". Ella me dijo que había leído un libro donde Dios le dijo a su sierva: "Tienes que tener piel de rinoceronte", porque el personaje vivía en tierra de rinocerontes, y como la hermana era puertorriqueña, Dios entonces le hablaba del sapo. El entusiasmo por visitar las tiendas se fue, nos entusiasmamos por saber el secreto escondido en el mensaje. Descubrimos que el sapo es feo por fuera pero bello por dentro, su piel tiene un repelente que mata de inmediato a depredadores y es muy fértil. Mi hermana me confesó que estaba esperando que la ministración terminara para renunciar a su tarea en la viña; ella era la co-pastora. Su razón: El pueblo contradictor (persona que contradice, niega, desmiente, rechaza, se opone a todo lo que el otro afirma). Esto se resume en una sola palabra: "rechazo".

Algo para meditar

Dios nos enseña en 1 Tesalonicenses 5:12 que reconozcamos (honremos) a los pastores del rebaño y a los líderes, sus colaboradores. Evitemos hacerlos sufrir, esto es una estratagema del enemigo para sacarlos del camino que Dios ha trazado para ellos. Permitidles servir con alegría y no quejándose (Hebreos 13:17).

Así lo ordena Dios.

Oración: Señor, enséñanos a ser agradecidos. Cada líder que Tú llamas pasa por un fuerte proceso de adiestramiento que conlleva sufrimiento. Luego responden a tu llamado, llenos de amor y comprometidos en la realización de la tarea que Tú pones sobre sus hombros. Ayúdanos a meditar en la tristeza de Moisés por servir a tu pueblo (Números 11:12) y líbranos de imitar al pueblo de Israel. Gracias, Padre.

Capítulo 65
"Aprovechando bien el tiempo, porque los días son malos" (Efesios 5:16)

Qué hermanita. Le ministré tan fuerte, que espero me haya perdonado y que haga suya la palabra del Salmo 141:5. Se dedicó a estudiar por años en la Universidad, tomaba cursos académicos, pero no tenía una meta. Así nunca obtendría un título universitario. Fui fuerte, le dije: "No seas atorrante". Me preguntó qué quería decir eso y le contesté que buscara en un diccionario. Fue a mi casa y al buscar en el diccionario le hirió lo que leyó. Dejo a usted, lector, buscar esa palabra; es terrible la definición. Le di una orden: "Mañana mismo vas a una consejera académica que evalúe los créditos aprobados y te diga qué carrera profesional puedes terminar y en cuánto tiempo lo haces". No tardó mucho tiempo en terminar su grado en psicología e iniciar su experiencia laborar en una agencia de gobierno.

Valió la pena reprenderla duramente.

Algo para meditar

Creo en tener metas. Meta es el fin al que se dirigen las acciones y deseos de una persona. Aprendí de pequeña. En mi hogar siempre había comida para comer, pero escaseaba en la comida la carne. Me gusta comer carne de biftec. Un día forjé mi meta: "Voy a estudiar y voy a comer todo el biftec que quiera". Lo hice y al trabajar lo primero que compré con mi primer cheque fue lo que de antemano había forjado en mi mente: biftec, muuuucho biftec.

Oración: Señor, ayúdame a forjar metas. Estas metas, bajo tu guía, darán propósito a mi vida. Mi meta especial: "No verle la cara a mi enemigo espiritual". Tu llamamiento es para la eternidad y quiero que se cumpla en mí tu promesa. Os volveré a ver y se gozará vuestro corazón (Juan 16:22). Nadie ni nada nos quitará nuestro gozo. Sea hecho, amén.

Capítulo 66
"Mefiboset fue llamado para vivir en la casa del rey David" (2 Samuel 9:4-5)

Dios nos recuerda cuando estamos en la condición en que se encontraba Mefiboset, nieto del rey Saúl. Su nombre significa "el avergonzado". Él era un príncipe que perdió todo, hasta su familia. Sufrió un accidente, quedó lisiado de los pies y fue a vivir a un lugar llamado Lodebar, que significa "desértico". Dios nos ha vestido con ropas de salud (Isaías 61:10), pero al igual que Mefiboset hemos experimentado situaciones que nos han traído vergüenza y dolor. *El Señor está lejos de mí*, pensamos, pero Él interviene con poder cuando nuestra estima está por el suelo. A mí me ordenó a llamar con urgencia a una hermana amada, me dijo que un espíritu de suicidio la perturbaba, así que ese fue nuestro tema de conversación cuando llegó a mi oficina. Me confesó que sintió profundos deseos de suicidarse. Algo la detuvo: El pensar que dos de sus hermanas más queridas se quedarían consternadas, tristes, con preguntas; yo era una de ellas. Ella decidió no hacer daño a esas hermanas. La verdad es que Dios estaba alerta y provocó mi llamada al revelarme su situación. Como canta Danny Berríos, fue el Rey del Universo que la mandó a llamar. Todavía hoy viste sus vestiduras reales y sirve al Señor con alegría. ¡Qué hermoso!

Algo para meditar
Dios no abandona a sus hijos. A pesar de nuestro dolor, de nuestra tristeza, de nuestro sentido de pérdida total, Él interviene para restaurar todo lo que nos pasó. Él nos vuelve a llamar para mostrarnos su amor y nos coloca con Cristo en lugares celestiales (Efesios 2:4-6). ¡Gózate, pueblo!

Oración: Señor, necesitamos más siervos tuyos capacitados para escuchar tu voz. Los podrás enviar con Tú revelación a dar mensajes vivificantes a los que caminan por el valle de muerte y de desesperanza. Este valle es peligroso, los puede conducir a la muerte física y del alma. Permítenos actuar con el sufriente, hay muchos lisiados de los pies y viviendo en lugares desérticos. Permítenos actuar a su favor, amén.

Capítulo 67
"Dice el necio en su corazón: 'No hay Dios'"
(Salmo 14:1)

Llegamos a Santo Domingo en un viaje misionero, en esta ocasión nos hospedamos en un hotel. Comencé a hablar con un empleado acerca de Jesús cuando un señor que escuchaba me interrumpió para decirme: "Eso que usted dice no es verdad". Mi contestación fue certera: "Para usted no es verdad, pero para mí sí. Qué bueno que somos diferentes". El hombre desapareció de inmediato. El empleado del hotel me preguntó: "¿Usted sabe con quién estaba hablando?"; le pregunté: "¿Con el presidente de la nación?"; me contestó: "No. Habló con el psicólogo más prominente de la nación". Le dije al empleado: "Fue Dios quien puso en mi boca la respuesta, porque ese prominente psicólogo no cree en Dios, pero sí cree en los postulados de su ciencia y uno de ellos dice que todos los hombres somos diferentes. Cada ser humano es diferente al otro ser humano, con razón se desapareció de inmediato. El gran psicólogo del universo, mi Dios, supo cómo frenar su acción. Él intentó que yo dejara de hablarle a usted del Dios que está interesado en salvarle. Continuemos nuestra conversación". ¡Qué hermoso!

Algo para meditar

Dios imparte sus conocimientos a sus siervos los profetas. Surge oposición en el camino para detener la tarea encomendada por Él a los embajadores de su reino, pero Él obstaculiza toda oposición. Es necesario llevar al hombre el mensaje de Juan 3:16; "Porque de tal manera amó Dios al mundo, que ha dado a su hijo unigénito para que todo aquel que en Él cree no se pierda, mas tenga vida eterna".

Oración: Que el Señor nos ayude a realizar nuestra tarea sin temor. Si hacemos esto con amor (1 Juan 4:18), Él quitará nuestro temor. Recordemos Lucas 15:7, hay gozo en el cielo cuando un pecador se arrepiente y también en la tierra nos gozamos y damos la bienvenida a un nuevo hijo de Dios (Juan 1:12).

Capítulo 68
"He aquí, Yo vengo pronto" (Apocalipsis 22:12)

Recién convertida, la iglesia salió a una convención de damas. Meditaba yo en el camino y le pregunté a Dios tres veces: "¿Señor, será verdad que Tú vienes pronto?". Llegamos a la convención, más de 500 personas estaban allí reunidas y pensé que era mucho pueblo. La predicadora de la noche me conoce y yo estaba en un asiento lejos de ella, de momento me llamó por mi nombre: "Manuelita, Cristo viene pronto, Cristo viene pronto, Cristo viene pronto". Me lo dijo tres veces y me desconcerté. ¿Cómo me vio entre esta grande multitud?, ¿cómo supo que yo había preguntado tres veces al Señor si Él venía a la tierra de nuevo?, ¿qué nueva experiencia era esta? Me sobrecogí, un temor santo llegó a mi vida y me interesé en escudriñar todas estas cosas que me estaban sucediendo. Dios me enseñaba.

Algo para meditar

Dios oye. Él que hizo el oído, ¿no oirá? (Salmo 94:9). Sí, Él escucha todo lo que decimos, aunque sea en lo profundo del corazón; Él no deja a nadie sin respuestas a sus preguntas. Estaba en su plan que yo aprendiera eso. Ya en otra ocasión le había cuestionado si Él oía y lo hice por tres veces. Fui a un servicio de oración en un hogar y había un predicador invitado, se acercó a mí y me dijo: "Mira, hija. Yo oigo". Sentí su reprensión; me lo repitió tres veces: "Yo oigo, Yo oigo, Yo oigo".

Oración: Señor, perdónanos cuando te hacemos preguntas sobre cosas que ya están especificadas en Tu palabra. Trabaja con nuestras dudas. Recuérdanos, Señor, que con la duda se inició toda la debacle de este mundo (Génesis 3:1; "Conque Dios os ha dicho…?"). La duda fue la primera fuente de pecado y está inherente en cada ser humano. Perdónanos, Señor, cuando dudamos.

Capítulo 69
"Las puertas del infierno no prevalecerán contra la iglesia" (Mateo 16:18)

En el trabajo personal que hacíamos los sábados, visitamos un hogar. La Sra. recibió al Señor en su corazón, pero antes de marcharnos de su casa oímos gritos, le preguntamos y ella nos dijo que era su hija adolescente que estaba desajustada y tenían que encerrarla porque tendía a ser agresiva. Le dijimos que queríamos orar por ella, pero la mamá tuvo sus dudas. La convencimos y al entrar al cuarto de su hija, le dijimos: "Queremos orar por ti". Al hacerlo, la jovencita quedó libre de su azote de inmediato (Marcos 5:1). La madre asombrada escuchó a su hija decir: "Mami, quiero ir mañana a la iglesia". Temprano el domingo estaban allí. ¡Qué hermoso! De ahí en adelante fueron modelo de fidelidad a Dios y a su iglesia. Aun en el momento cuando la iglesia quedó prácticamente vacía por un problema serio que surgió, ellas permanecieron fieles. Una mañana, al ver tan poquita gente, le dije al Señor: "Pues que se cierre la iglesia". El Señor reprendió mi necio razonamiento y me dijo: "Mientras mi sierva y su hija acudan aquí, las puertas de la iglesia permanecerán abiertas". ¡Qué gran lección! Yo necesitaba aprender fidelidad aun en las peores circunstancias. Hoy su hija tiene una hermosa familia y todos sirven al Señor.

Algo para meditar

Tenemos que creer lo que Jesús dijo acerca de su iglesia. Dios la preservará a pesar de la mancha que traigan sus hijos con su conducta (Deuteronomio 32:5); la corrupción no es de Dios, es de sus hijos, y Él sabe cómo impartir su gracia con amor. Alguien dijo: "Los creyentes no somos perfectos, solo somos perdonados". Han pasado muchos años y todavía la iglesia en referencia sigue anunciando las buenas nuevas de salvación por medio de Jesucristo.

Oración: Señor, trabaja con nuestras ideas y pensamientos precipitados. Ayúdanos a entender que Tú tienes el control sobre toda situación que surja en tu iglesia y enséñanos a esperar la liberación que vendrá de ti.

Te presentamos las iglesias heridas cuyos miembros batallan por permanecer fieles en medio de toda adversidad que les agobia.

Capítulo 70
"¿Hasta cuándo andarás errante, oh hija contumaz?" (Jeremías 31:22)

Los acontecimientos en esta iglesia me llevaban a multitud de pensamientos (Salmo 94:19), entre ellos buscar otra iglesia dónde adorar a Dios. Un día, meditando en la iglesia de Corinto (1 Corintios 1), el autor de un libro de meditaciones hizo una pregunta a sus lectores: "¿Te hubiese gustado ser un miembro de la iglesia de Corinto?"; sin pensarlo contesté "no". Ahora estaba en una situación similar, quería huir. Una noche me salí durante el servicio con una convicción: "No volveré". Decidí ir al hogar de uno de mis hijos y al llegar, su esposa me preguntó:

—¿El domingo usted va para su iglesia?

—¿Por qué me preguntas?

—Porque yo quiero ir con usted.

"Señor, ¿qué haces?", le dije. El domingo estaba de nuevo en la iglesia; el Señor anuló mi firme decisión así de fácil y me enseñó que debía permanecer allí hasta que Él aprobara mi salida.

Algo para meditar

Ninguna iglesia es perfecta porque está formada con hombres imperfectos. El Señor perfecto llama a imperfectos como yo para llevar a cabo su obra. No es tiempo de correr cuando surgen situaciones dolorosas, Dios dirá el próximo paso a seguir luego de ayudarnos a fortalecer la iglesia herida. Él siempre cuenta con el resto pequeño que, aun en medio del sufrimiento, pueda entender lo que Él dice en Isaías 1:9. Estos son los que se quedan para ayudar a lidiar con el proceso de restauración, aunque esto sea doloroso.

Oración: Señor, fortalece a los llamados a vivificar a tu pueblo en tiempos de crisis. Anótanos en tu lista del "resto pequeño" dispuesto a pagar el precio para que tu iglesia siga caminando bajo la sombra de tu omnipotencia.

Capítulo 71
"Me sedujiste, oh Jehová, más fuerte fuiste que yo, me venciste" (Jeremías 20:7)

¡Qué triste! La experiencia dolorosa en esta iglesia nos afectó al resto pequeño que nos quedamos para ayudar al pastor que aceptó trabajar con una iglesia en ruinas. El ambiente era desolador. Un día no pude más y dije a los pocos jóvenes que quedaban que no volvería a la iglesia; ellos me suplicaban, pero me fui dejándolos convencidos de que no volvería. Pasó la semana y los jóvenes fueron a mi hogar, me dijeron: "Hemos estado orando por usted, por favor no nos deje". Sentí su dolor y acordé asistir a la iglesia y esperar para ver lo que haría Dios. El Hno. Cortés nos informó que había un predicador invitado, era un joven que nos dijo: "Hoy voy a hablarles sobre cómo nos seduce Dios para que permanezcamos en su voluntad". Al leer este texto todos los jóvenes me miraron; supimos que Dios nos iba a hablar. El hermanito Miguelito (Miguel Antonio Rivera) fue usado por el Señor para dar directriz a nuestras vidas. Ese mensaje permanece en mi vida para siempre. Jehová me sedujo, fue más fuerte que yo, me venció en aquel momento y continúa haciéndolo cuando quiero hacer mi voluntad y no la suya. Me quedé en ese lugar hasta que Él autorizó mi salida.

Algo para meditar

Suceda lo que suceda, Dios intervendrá para sujetarnos a su voluntad. Demos gracias a Dios por los vasos de honra que Él utiliza para aliviar el dolor de su pueblo y para darle nuevas instrucciones de marcha.

Oración: Que Dios levante jóvenes, hombres y mujeres que escuchen la voz de Dios y que estén capacitados para correr velozmente con el mensaje recibido, para fortalecer al pueblo que sufre. Muchas confusiones, dudas, angustias, desesperanzas y tristezas desaparecerán cuando prediquen al pueblo la palabra que Él ha puesto en sus bocas.

Dios bendiga a los que realizan esta hermosa tarea.

Capítulo 72
"En este lugar ha de oírse aún voz de gozo y de alegría" (Jeremías 33:11)

¡Qué bueno es Dios! Él aún nos oye cuando nos quejamos en medio de la tarea. Dije al Señor: "En esta iglesia se han ido hasta las cucarachas". Antes revoloteaban por montón dentro de la iglesia. El Señor me dijo a través de su profeta Jeremías: "Este lugar el cual tú dices que está sin hombres y sin animales, Yo lo he de llenar" (Jeremías 33:10). Confiando en esta promesa, continuamos reuniéndonos el resto pequeño y de momento ¡Boom!, la iglesia se llenó de jóvenes. En una ocasión tuve que sentarme en el piso para dejar asiento a los jóvenes. Me sentí avergonzada por haberme quejado tanto, Dios es un Dios que siempre nos lleva al éxito y su demanda es que confiemos en Él. Él pastorea a su pueblo con pericia (Salmo 78:72), entendiendo esto, se acaban los sufrimientos por la obra y fijamos nuestra esperanza en Él. Él hará algo grandioso (Habacuc 1:5) ¡Asómbrense!

Algo para meditar

Sufrimos de más cuando olvidamos que Dios está en control de todo lo que acontece en su iglesia. Los problemas pasan y la iglesia sigue caminando, como dice un corito: "El arca viene de camino". El pueblo de Israel sufrió porque el arca de Dios estaba en tierra del enemigo, pero cuando esta regresó a su tierra se cumplió la promesa, se oyó voz de gozo y alegría (2 Samuel 6:14). Vimos muchos pastores que vinieron a darnos pastos en esta iglesia, pero se iban muy rápido; aun así, Dios siempre hizo provisión y nos llenó de gozo.

Oración: Señor, en cada situación que se nos ponga de frente ayúdanos a enfocar nuestra visión espiritual en tu justa perspectiva. Descansando en tus promesas tendremos paz, aunque arrecie la tormenta. Ayúdanos a hacer nuestra la declaración del salmista en el Salmo 93:3; "Tú eres más poderoso que el estruendo de las muchas aguas". ¡Qué hermoso!

Capítulo 73
"Serán enseñados por Jehová" (Isaías 54:13)

Un hermoso grupo me pidió que le enseñara sobre la Biblia; aunque pertenecían a una iglesia, anhelaban la sana doctrina (2 Timoteo 4:1). En la primera reunión eran 8 personas pertenecientes a la misma familia; tenían comezón de oír (2 Timoteo 4:1-4), ellos mismos pusieron fecha para la próxima reunión. El número ocho en la escritura significa un nuevo comienzo. Allí comenzó lo que luego sería una congregación de sesenta o más personas. Ellos desearon que sus familiares también escucharan la palabra y les estimulaban a recibirnos en sus casas. En cada visita Dios añadía a su iglesia a los que serían salvos. Cada cual hablaba a su familiar y a su vecino (Isaías 41:6) y todo era algarabía y gozo cuando escuchaban a una entusiasta de Jesús predicándoles la palabra. Luego de este crecimiento comenzamos a orar para que el Señor enviara a un pastor; Dios lo hizo. Todos nos movimos a la Iglesia Calzada y Camino de Santidad en el pueblo de Caguas. Hablé con mi pastor de la *Mission Board*, el hermano Cortés, y le indiqué que haría esta movida porque mi esposo había entregado su corazón al Señor y no quería llevarlo a una iglesia que estaba a punto de dividirse. Él entendió mis razones y oró por mí.

Algo para meditar

Ministrando al Señor experimentamos grandes alegrías. Ver cómo ministraba Dios a cada vida en este grupo era algo espectacular. Los que se exponían a la sana doctrina, se gozaban; los libertados de falsas creencias, se gozaban; los atados a vicios eran libres. A pobres y a ricos era predicado el Evangelio de Jesucristo. Los que estaban, por la edad, encerrados en sus casas, se unieron a una nueva familia: la familia de Dios.

Oración: Que el Señor añada a la iglesia a los que han de ser salvos y que obreros preparados por Él respondan al llamado de Macedonia (Hechos 16:6): "Pasa a Macedonia y ayúdanos". Lea la historia, se va a gozar cuando vea lo que hace Dios para conseguir el afecto del hombre.

Capítulo 74
"Por testimonio a todos los gentiles" (Mateo 24:14)

Llegó al grupo un señor muy amado por el pueblo; fue por curiosidad. Había escuchado que yo estaba predicando el Evangelio de Jesucristo y él conocía de nuestras grandes trifulcas matrimoniales, así que un día le dijo a mi esposo: "Dile a tu mujer que no haga esto". Cuando mi esposo me dijo, le contesté: "Dile que venga él a decírmelo". Escuchó atentamente el mensaje y al hacer el llamado para recibir a Cristo en su corazón, él fue el primero que respondió al llamado. Su esposa me dijo que él, al salir, le dijo: "Jesús magnifica, tuve que responder al llamado que hizo porque si Dios pudo cambiar a esa mujer, puede cambiar a cualquiera". Fue fiel hasta el final de sus días. Como era muy querido por todos, hasta la enfermera que lo atendió, lloró. Él le preguntó: "¿Por qué lloras?"; ella le contestó: "Por usted" y él le dijo: "No llores, yo regreso a la casa de mi Padre". ¡Qué hermoso!

Algo para meditar

¡Lo que hace Dios! Cuánto le agradezco la oportunidad de predicar su palabra; cuánto le agradezco por llamar a las vidas para que le conozcan; cuánto le agradezco por la oportunidad de predicar en esta vida y ver los resultados. Esta persona fue por curiosidad al grupo y se convenció de que Dios es un Dios de milagros. El primer milagro que hace con nosotros es el de interceptar nuestro paso en algún momento de nuestra vida para mostrarnos cuánto nos ama. Él hace posible que la experiencia de muerte de Jesús en la cruz tenga significado para nosotros, hace que recordemos esta experiencia cada año en Semana Santa y convierte la experiencia de la cruz en una vivencia diaria.

Entremos a su gran Avenida de Luz, por donde Él dirigirá nuestro caminar por esta vida.

Oración: Señor, hacemos nuestra la oración de San Francisco de Asís:

"Hazme un instrumento de tu paz". Que declaremos a voces que Jesucristo es nuestra paz, como dice el coro: "Él rompe todas mis cadenas y Él me invita a echar todas mis ansiedades sobre Él y se compromete a cuidarme". Cuando nos llegue el final de nuestra vida terrenal, podremos también decir: "Regreso a la casa de mi Padre".

Capítulo 75
"No menospreciéis las profecías"
(1 Tesalonicenses 5:20)

Dios bendiga a los profetas, pero cada profecía podemos evaluarla para saber si las palabras que se nos dicen provienen de Dios o si salen de nuestras emociones. Cuando el grupo que Dios por gracia levantó en mi pueblo pasó a la iglesia en Caguas, muchos no aceptaban que yo dejara de ministrarles en San Lorenzo. Vinieron a reclamarme. Hablé con el pastor y me dijo que no atendiera más a este grupo en mi pueblo. Le pregunté: "¿Y si Dios está en el asunto?"; él me contestó: "Yo me hago responsable". Mirando hacia arriba, dije: "Señor, lo oíste, él se hace responsable, yo lo voy a obedecer".

Los amados hermanitos no entendieron que yo estaba sujetándome a mi pastor, por eso una hermanita un día llegó muy temprano a mi casa y me dijo: "Vengo a decirte lo que me dijo Dios, porque Él también a mí me habla. Él me ha dicho que tú eres una mala sierva". Le contesté de inmediato: "Si Dios te dijo que yo soy una mala sierva, tiene que ser verdad, porque Él no miente". ¿Qué hizo Dios?, yo no lo sé, pero lo que siguió fue impactante: la hermana me abrazo, lloró y me pidió perdón. ¡Qué bueno es Dios! Le dio paz a ella y a mí me dio un nuevo testimonio para el grupo al que iba a ministrar ese día.

Algo para meditar

En la experiencia de profetizar debemos estar alertas a nuestras emociones. Lo que Dios dice se diferencia en gran medida de lo que yo digo. Debo evaluar cómo me siento ante la circunstancia que me impele a profetizar, debo evaluar bien mis emociones y no permitir que lo que salga de mis labios esté altamente influenciado por lo que siento. Evitaremos errores.

Oración: Permítenos discernir cada palabra que escuchemos. La palabra profética más segura es la Escritura. Si la profecía proviene de Dios, tiene que cumplir con tres reglas fundamentales: edificar, exhortar, consolar (1 Corintios 14:3). Esto se interpreta: No destruir, no regañar, no entristecer. Esto jamás proviene de Dios.

Capítulo 76
"Tengo la mente de Cristo" (1 Corintios 2:16)

Un buen hombre en mi pueblo tenía creencias diferentes a las mías. Día tras día me retaba mi fe en Jesucristo, haciéndome preguntas inteligentes y capciosas. Con cada pregunta yo le contestaba: "La biblia dice…". Él me ayudaba en mi trabajo con las comunidades, por lo que sus "bombardeos" a mi mente eran muy frecuentes. En esa hora fue mi apoyo 1 Pedro 3:15; "Estén preparados para presentar defensa ante todo el que os demande razón de la esperanza que hay en vosotros". Sabía qué responder. Un día me hizo la última pregunta: "¿Usted no tiene ideas propias?"; de inmediato le contesté: "No, porque tengo la mente de Cristo" (1 Corintios 2:16). Se sonrió y me dijo: "Con usted no se puede" y se terminaron las preguntas.

Algo para meditar
Al entregar nuestra vida a Jesucristo entramos a la familia de Dios donde aprendemos los rudimentos del Evangelio (las buenas noticias sobre la salvación por medio de Jesucristo). Él vino a la tierra para presentarnos a su Padre, el planificador de este plan de salvación. En Juan 17:3, él dice:

"Esta es la vida eterna, que te conozcan a ti, el único Dios verdadero, y a Jesucristo a quien has enviado para dar a conocer tu nombre a los hombres". Por generaciones el hombre le ha rendido adoración a otros dioses. Al llegar a la familia de la fe, nos iniciamos como creyentes —"Venid en pos de mí" (Mateo 4:19) — y Él nos convierte en discípulos (el que aprende y sigue los pasos de su maestro). Luego se entiende el propósito divino: "Os haré pescadores de hombres" (Mateo 4:19).

Oración: Señor, prepáranos para responder con propiedad a los que cuestionen nuestra fe; para esto tendremos que escudriñar las Escrituras.

Ayúdanos. ¡Gracias!

Capítulo 77
"Dad a conocer sus obras en los pueblos"
(Salmo 105:1)

En esta pandemia que vivimos (Covid 19, año 2020) hemos estado encerrados en nuestros hogares. Un día me lamentaba delante del Señor:

"Señor, nuestra tarea en tu viña se ha limitado con esta pandemia. Me gustaría hacer algo; ¿qué hago?". Con voz de regaño, me dijo: "Termina el libro". Fue imperativa su orden, la cual me había dado muchos años atrás. Me sentí avergonzada por mi tardanza. Dios me envió muchas señales en el camino, en especial cuando hermanitas me decían "escribe un libro".

Qué mal me he sentido. Solo me consuela lo que aprendí de uno de mis pastores: Manuel Cortés. A él le gustaba cantar el corito "todo es mejor en el tiempo del Señor". A mí no me gustaba para nada, pues por mis rasgos temperamentales siempre caminaba de prisa por la vida; hoy, este corito quita en parte mi culpa. Espero que este sea el momento de Dios para bendecir tu vida, amado lector.

Algo para meditar

Dios es misericordioso, Él permitirá que este libro llegue a tus manos a tiempo. Oro al Señor que sea de bendición en vida, le pido también que Él ponga en tu corazón mi pasión por la lectura de su palabra. Que se repita la experiencia narrada en Números 11:17; "Tomaré del Espíritu que hay en ti y lo pondré también en ellos". Moisés necesitaba colaboradores que le ayudaran en su ardua tarea y hoy sucede lo mismo, necesitamos discípulos de Jesucristo dispuestos a continuar su obra, para esto es necesario conocer la Palabra y conocer al Dios de la Palabra.

Oración: Señor, que respondamos a tu pregunta "¿A quién enviaré?".

Ayúdame a contestarte "envíame a mí", como lo hizo tu profeta Isaías (Isaías 6:8). Será glorioso. Escudriñaré tu palabra y Tú me guiarás por sendas de justicia, por amor a tu nombre (Salmo 23:3).

Capítulo 78
"Tú eres mi hijo amado, en ti me he complacido"
(Lucas 3:22)

Comenté a una hermana, muy contenta, que pedí a Dios me dijera a mí lo que le dijo a Jesús. Ella puso su mano sobre su boca y me dijo: "Eso solo le pertenece a Jesús". Me sentí muy mal, considerando que había cometido un grave pecado. Llegué a mi hogar con mucha tristeza y pidiendo perdón a Dios. En la noche fui a la iglesia, un hermoso joven dirigía el devocional, de pronto, me señaló y me dijo: "Manuelita, así te dice Jehová, el Señor: 'Tú eres mi hija amada, contigo tengo contentamiento'". Tumulto de emociones se aglomeraron en mí; la tristeza se convirtió en gozo.

Bien de mañana fui a donde mi hermanita: "Me lo dijo, me lo dijo", le decía, mientras danzaba al Señor. "Me dijo que soy su hijita amada y que en mí tiene contentamiento". ¡La hermanita quedó maravillada y yo también!

Algo para meditar

Tú pide lo que quieras y deja la respuesta al Señor. Nos limitamos tanto y por eso perdemos revelaciones profundas de Dios. Con su "consumado es" (Juan 19:30), Jesús abrió los cielos para enviarnos bendiciones sin fin con tal de que no toquemos su Gloria (Malaquías 3:10). Un varón de Dios dijo: "Un océano de experiencias en una gota de lenguaje está frente a nosotros con esta declaración de Jesús". En una ocasión, un conductor de guagua pública dijo: "Llegaremos en quince minutos". Pensé: *Nos va a matar. Señor, hoy me encuentro contigo.* Oí la voz tronante de Dios preguntándome: "¿Y los otros qué?". En el poder de Dios, dije a aquel hombre: "Usted lleva 14 vidas en este vehículo, con usted somos quince. Dios nos dio la vida y Él es quien la quita, usted no tiene derecho a quitarla". Una ancianita dijo tímidamente: "Amén". Sentí cómo un poder demoníaco de muerte salía por la ventana, el conductor del vehículo se comportó luego muy caballeroso y yo quedé maravillada. ¡Qué Dios tenemos! Había muerte en aquel vehículo y Él la detuvo. ¡Aleluya!

Oración: Recordemos siempre a los que no conocen al Señor; Dios lo hace. Oremos por ellos y salgamos en su defensa cuando sea necesario. Atrévete a actuar, Dios te respaldará.

Capítulo 79
"Pon mis lágrimas en tu redoma" (Salmo 56:8)

Dios guarda nuestras lágrimas y escribe en un libro las veces que hemos llorado. Lloré toda una noche por un dolor profundo provocado por una circunstancia adversa. Dios puso en mis manos una meditación donde leía: "Tus lágrimas han formado un arcoíris"; no entendía el mensaje. Una hermana llegó a mi casa y me invitó a un retiro. No quería ir, mis ojos estaban hinchados de tanto llorar, pero ella insistió y fui al retiro; era en un hogar. Al llegar, ante mis ojos estaba un enorme cuadro de un precioso arcoíris y tenía un mensaje que decía: "El camino pedregoso por donde transitas ahora, se convertirá en vereda detrás del arcoíris". De inmediato entendí lo que no entendía en la mañana. El arcoíris es señal de la fidelidad de Dios con el hombre (Génesis 9:13), vemos solo la mitad, pero en el cielo hay un arcoíris completo alrededor del trono de Dios (Apocalipsis 4:2), detrás del arcoíris que vemos aquí, que implica pasar de la tierra al cielo; allí las promesas divinas. Caminemos por las piedras que lastiman y traspasemos nuestro arcoíris visual buscando con ahínco el arcoíris celestial que simboliza el pacto completo de Dios con el hombre. Dios cumplirá sus promesas y nos mostrará su fidelidad; el entender esto me dio descanso. Detrás del arcoíris encuentro mis promesas, aunque tenga que caminar por caminos llenos de piedras y de obstáculos.

Algo para meditar

No importa el problema, busca tu arcoíris y camina hacia él, luego en el poder del espíritu traspásalo y ubícate en el cielo; así alcanzarás tu promesa. Dios es fiel.

Oración: Señor, permítenos alimentarnos de tu fidelidad (Salmo 37:3).

Capítulo 80
"El Espíritu mío que está sobre ti" (Isaías 59:21)

Al pasar de mi arcoíris terrenal al celestial, Dios me dio esta promesa: "Tus nietos serán bendecidos por mí". Mi llanto era por mis nietos. Sin la figura del padre en la casa, ¿qué sería de ellos? Multitud de emociones que nada tenían que ver con los planes de Dios para el mañana de mis hijos y de mis nietos, afloraron en mí: tristezas, angustias, dudas, dolor. ¡Qué bueno que con esta palabra Dios me dejó saber que Él tiene planes para estos familiares tan amados! Las lágrimas del momento difícil se convirtieron en esperanza y confianza en la fidelidad de Dios. El futuro oculto de Dios en el momento del dolor, al pasar los años fue develado. Hoy veo el éxito en cada uno de mis nietos, todos con buenos trabajos, responsables y ciudadanos respetuosos de la ley y el orden. ¡Aleluya! Una de mis nietas fue baleada en un asalto, pero ya Dios me había enseñado sobre su fidelidad, así que las emociones fueron controladas por la fe. Entendí lo que significa "la convicción de lo que no se ve" (Hebreos 11:1). Tenía 15 años, los médicos nos dijeron: "Esto fue un milagro, la bala quedó a centímetros de la aorta, si la hubiese tocado, habría muerto". Dios detuvo la bala a centímetros de la aorta. Hoy es ingeniera, otro es ingeniero, una es maestra, uno es comerciante, una es trabajadora social como yo, otra es trabajadora exitosa en una empresa y el otro rinde buenos frutos en la empresa para la que trabaja. Los sufrimientos del pasado quedaron atrás y me regocijo con lo que ven mis ojos hoy. ¡Mi Dios es fiel!

Algo para meditar

Muchas de nuestras tristezas y angustias surgen de las circunstancias que aparecen en la vida de nuestros hijos y nietos. Dios es fiel, el futuro de ellos está garantizado. Esperemos en silencio (Lamentaciones 3:26).

Oración: Que Dios nos permita vivir cada situación con confianza en que todo lo que nos sucede será para bien. Esperemos en silencio la salvación de Jehová (Salmo 62:1).

Capítulo 81
"Como una madre consuela a su hijo, así Yo os consolaré" (Isaías 63:13)

La ira del hombre no obra la justicia de Dios (Santiago 1:20). A veces nos molestamos con nuestros hijos y queremos privarlos de la libertad que Dios les ha dado para tomar decisiones, siempre pensamos que nuestros pensamientos son mejores que los de ellos. Cuando "nos desobedecen" nos enojamos y el enojo nos impide escucharlos y orientarlos con efectividad; aquí hay obra mala. Dios me llevó a esta palabra cuando por mi ira fui incapaz de consolar a uno de mis hijos cuando él más lo necesitaba. Dios me enseñó que, aunque estemos en desacuerdo, mi rol de madre tiene que ser ejercido. La madre no está llamada a aceptar la conducta de sus hijos, sí está llamada a consolar. Con ira no podemos hacer lo que Dios nos pide, no podemos consolar. De esta actitud surgen la falta de comunicación, la separación emocional y física, la tristeza, las raíces de amarguras, etc., etc., etc. En momentos difíciles nuestro Padre amoroso siempre busca a su hijo para consolarlo. Medita en el proceso de Dios, pide perdón si has llenado tu corazón de emociones dañinas y espera sus directrices. Reconcíliate con tus hijos. ¡Verás la Gloria de Dios!

Algo para meditar
El siervo de Dios tiene que ser benigno, que con mansedumbre corrija a los que se oponen (2 Timoteo 2:25). Hacer esto hace que escapen del lazo del diablo en que están cautivos a voluntad de él (2 Timoteo 2:26). Nos dolerá el proceso, pero luego veremos el fruto apacible que surgirá si obedecemos.

Oración: Dios, concédenos tu gracia para poder obedecerte. Trabaja con nuestras emociones, que fluya el consuelo tuyo a través de nosotros, no importa lo que hagan nuestros hijos. Gracias por ayudarnos.

Capítulo 82
"Muchas otras cosas hizo Jesús conmigo"
(Juan 21:25)

Mi vida es un libro ilimitado; creo que podría hacer mía la declaración de Juan 21:25. Si escribiera todas las cosas que Jesús ha hecho conmigo, no terminaría. Los testimonios que expongo aquí contienen la analogía de la oruga y la bella mariposa. Un día prediqué sobre este tema "de oruga a mariposa" ...¡fue hermoso!Expresaba en mi mensaje que el desarrollo de una mariposa se asemejaba a mi vida; de oruga, Dios me convirtió a mariposa. A la oruga de fea apariencia, arrastrándose con dificultad por la vida, asechada por sus depredadores que buscaban su muerte, moviéndose en un ambiente limitado, Dios la libertó de su caparazón y cambió su apariencia. La convirtió en una bella mariposa con nuevas vestiduras, capaz de volar, de salir a lugares amplios sin temor a la muerte, exponiendo su belleza matizada de brillantes colores mientras vuela. Me gusta enseñar a otros sobre la belleza de Dios manifestada al mundo a través de nuestras vidas. Seamos bellas mariposas en este triste y atribulado lugar que se llama "tierra". La maldición del pecado ha afeado a la tierra, pero Dios ha levantado un pueblo transformado que vive en este triste lugar con una encomienda: Añadir cada día a la iglesia de Jesucristo a los que han de ser salvos (Hechos 2:47). Agradezcamos a Dios por su iglesia, por sus líderes (apóstoles, evangelistas, profetas, pastores, maestros) (Efesios 4:11), por los dones dados al pueblo para ministrar los misterios del Altísimo (Efesios 4:8); cada uno como un cuerpo, realizando la tarea (Efesios 4:16). Agradezcamos a Dios por habernos reclutado para trabajar en su empresa celestial, es un privilegio servir al Señor. ¡A su nombre gloria!

Oración: Señor, que compartamos con otros nuestro testimonio.

Capítulo 83
"Tu tiempo era tiempo de amores" (Ezequiel 16:8)

Dios me dio esta palabra donde describió mi situación con Él. Me llamó en muchas ocasiones para que le entregara mi corazón, pero no le escuché.

Mi maestra en la escuela de Trabajo Social nos pidió que escribiéramos en un papel las diez cosas que eran prioridad en nuestras vidas, en la última prioridad yo escribí: "Dios". Después de que le entregué mi corazón, Él me recordó esta lista y me dijo: "Yo tenía que ser el número 1 en tu vida".

Fue Él quien esperó por mí, esperó hasta que le respondí con amor y Él inició el proceso que aquí en este libro he expuesto. Me aclaró bien lo que hizo conmigo: "Yo pasé junto a ti y te vi sucia y te dije: 'Vive'. Pasé yo otra vez junto a ti y te miré, y he aquí que tu tiempo era tiempo de amores, y extendí mi manto sobre ti, cubrí tu desnudez, te di juramento y entré en pacto contigo y fuiste mía. Te lavé con agua, te ungí con aceite, te vestí de bordado, te ceñí de lino y te cubrí de seda. Te atavié con adornos, puse una hermosa diadema en tu cabeza y así fuiste adornada de oro y de plata, y tu vestido era de lino fino, seda y bordado. Comiste miel y aceite y fuiste hermoseada en extremo. Salió tu nombre entre las naciones a causa de tu hermosura, porque eres perfecta a causa de mi hermosura que Yo puse sobre ti", dice Jehová el Señor.

El pueblo de Israel, al oír esta palabra, vivía una experiencia de infidelidad a su Dios. Yo he decidido serle fiel. ¡Cómo no serlo, si Él hizo con mi corazón una obra maestra! Lo arrojó a su fuego purificador, lo cambió, lo convirtió en un corazón capaz de amar, perdonar, bendecir (Himno: Camino del Calvario, Débora Velázquez). En mi boca hay un grito constante: ¡ALFARERO!

Algo para meditar

Cuando recibimos a Jesús en nuestro corazón y declaramos con nuestra boca que Él es nuestro Señor, iniciamos nuestro tiempo de amores con Dios y Él continúa su obra en nosotros hasta hacer que Ezequiel 16 sea nuestra semblanza. Enamórate de su proceso, verás su gloria.

Pueblo amado: atención

Esto no ha terminado aún. Mi familia, mis hermanos en la fe, mis amigos, aquellos que reciban este mensaje, podrán disfrutar de las bendiciones que Dios tiene disponibles para los que sean receptivos a su palabra. La obra aquí iniciada continuará.

Este libro, *Enseña lo que te he enseñado,* será de bendición para todos.

Mi énfasis: Conoce al Dios revelado en la Escritura, ámalo, sírvele y anda por sus caminos.

Mi deseo: Escudriña la Escritura.

Mis agradecimientos al Señor por depositar su confianza en mí, darme salud y el tiempo necesario para llevar a cabo esta hermosa tarea. ¡Bendiciones!

BIBLIOGRAFÍA

Biblia de referencia Thompson; Reina Valera 1960.

La familia sujeta al Espíritu; Tim y Beverly La Haye.

Temperamentos controlados por el Espíritu; Tim La Haye.

Temperamentos transformados; Tim La Haye.

Cámbiame, Señor ; Evelyn Christenson.

Qué sucede cuando las mujeres oran; Evelyn Christenson.

Refugio secreto; Corrie Ten Boom.

Made in the USA
Columbia, SC
04 August 2022

64641400R00086